Contrato de Fretamento de Navio

Contrato de Fretamento de Navio

2023

Jorge Afonso Gonçalves

ALMEDINA

CONTRATO DE FRETAMENTO DE NAVIO

AUTOR
Jorge Afonso Gonçalves

EDITOR
EDIÇÕES ALMEDINA, S.A.
Avenida Emídio Navarro, 81, 3D
3000-151 Coimbra
Tel.: 239 851 904 • Fax: 239 851 901
www.almedina.net • editora@almedina.net

DESIGN DE CAPA
EDIÇÕES ALMEDINA, S.A.

PRÉ-IMPRESSÃO
EDIÇÕES ALMEDINA, S.A.

IMPRESSÃO E ACABAMENTO

Janeiro, 2023

DEPÓSITO LEGAL
....

ALMEDINA | GRUPOALMEDINA

BIBLIOTECA NACIONAL DE PORTUGAL – CATALOGAÇÃO NA PUBLICAÇÃO

GONÇALVES, Jorge Afonso

Contrato de fretamento de navio. – 1ª ed. – (Manuais profissionais)
ISBN 978-989-40-0947-4

CDU 347

Para a Carla, a Francisca e a Margarida, porque são tudo

Aos meus pais, a quem tudo devo

Aos meus amigos João Ribeiro e José Manuel Ferreira, sem os quais este livro não seria possível

PRINCIPAIS ABREVIATURAS USADAS NESTE TRABALHO

Ac. – Acórdão.

Al. – Alínea.

Art.º – Artigo.

ASBA – *Association of Ship Brokers & Agents (USA), Inc.*

BIMCO – *The Baltic and International Maritime Council.*

Cfr. – Confrontar.

D.L. – Decreto-lei.

D.R. – Diário da República.

I.M.O. – Acrónimo inglês da Organização Marítima Internacional (*International Maritime Organization*).

I.M.T. – Instituto da Mobilidade e dos Transportes.

I.N.E. – Instituto Nacional de Estatística

N.º – Número.

N.O.R. – Acrónimo inglês de "Aviso de Navio Pronto" (*Notice of Readiness*).

O.N.U. – Organização das Nações Unidas.

Proc.º – Processo.

R.O.A. – Revista da Ordem dos Advogados.

STJ – Supremo Tribunal de Justiça.

TC – Tribunal Constitucional.

TRG – Tribunal da Relação de Guimarães.

UNCTAD – Acrónimo inglês da Conferência das Nações Unidas para o Comércio e o Desenvolvimento (*United Nations Conference on Trade and Development*).

NOTA PRÉVIA

O autor opta por escrever ao abrigo do sistema ortográfico vigente nos termos do acordo aprovado pelo Decreto n.º 35 228, de 8 de Dezembro de 1945.

I.

O "SHIPPING" OU TRANSPORTE DE MERCADORIAS POR VIA MARÍTIMA – RELEVÂNCIA ECONÓMICA

O *shipping* é um anglicismo que, numa interpretação restrita, se pode traduzir no transporte de mercadorias entre dois pontos por via marítima. É, pois, uma actividade física e económica, uma indústria. Na definição de ALAN E. BRANCH e MICHAEL ROBARTS[1], a função do *shipping* é o transporte de bens de locais onde a sua utilidade é reduzida para locais onde essa utilidade é maior. É uma actividade seguramente instrumental, porque encaixada nas cadeias de produção e distribuição algures entre o produtor e o consumidor, mas de importância extraordinária, dada a função de charneira que desempenha, sendo um dos principais alicerces da globalização económica.

Segundo a Organização Marítima Internacional (*International Maritime Organization* – IMO)[2], em 2016, cerca de 90% do comércio mundial era efetuado pela indústria internacional de *shipping*. Sem esta, a importação e exportação de bens e mercadorias à escala necessária para sustentar o mundo moderno não seria possível.

[1] *Branch's Elements of Shipping*, 9th edition, Routledge, 2014, 1.

[2] http://www.imo.org/en/About/Events/WorldMaritimeDay/Pages/WMD-2016.aspx.

Há actualmente mais de 98.000 navios mercantes, com mais de 100 toneladas de arqueação bruta[3], em actividade essencialmente internacional, transportando todos os tipos de carga. A frota mundial está registada em mais de cento e cinquenta países e é tripulada por mais de um milhão de marítimos de praticamente todas as nacionalidades.

De acordo com a UNCTAD, o volume de carga transportada pela frota mundial em 2018 e 2019[4] ascendeu a uns notáveis 11.019 e 11.076 milhões de toneladas, respetivamente.

São números que impressionam mas que servem para demonstrar cabalmente a real dimensão e importância do transporte marítimo de mercadorias. Trata-se de uma actividade económica em franco crescimento nas últimas décadas, acompanhando específicos processos inerentes ao movimento de globalização, nomeadamente a separação espacial das diversas fases de produção de diversos produtos industriais, aproveitando a competitividade que cada uma das localizações geográficas oferece e a busca de maior flexibilidade produtiva, visando responder diferenciadamente a uma clientela global, cultural, social e economicamente cada vez mais diferenciada.

Ponderando igualmente a circunstância de "*os portos e o shipping terem sido os precursores da internacionalização e serem considerados as primeiras atividades globais*"[5], cremos poder justificar o interesse manifesto e atual, que está na base deste estudo, que o transporte marítimo de mercadorias suscita e, com ele, as múltiplas questões que levanta.

Portugal, naturalmente, pela posição geográfica única que possui, não está, nem poderia estar, à margem desta actividade global e globalizante. Por um lado, a tradição histórica subjacente ao facto de os portugueses terem sido os primeiros mercadores marítimos globais, tendo mantido durante quase cinco séculos, até 1975, um activo comércio com as suas antigas colónias, atesta a sua vocação marítima; por outro, Portugal, como praticamente todos os outros países europeus, sentiu a necessidade de se

[3] A tonelagem de arqueação bruta representa a medida do tamanho total de um navio, determinada em conformidade com as disposições da Convenção Internacional sobre a Arqueação dos Navios, feita em Londres em 23 de Junho de 1969, aprovada para adopção pelo Decreto do Governo n.º 4/87, de 15 de Janeiro.

[4] UNCTAD *Review of Maritime Transport* 2020, pp. 4.

[5] André Cristóvão Henriques, *Os Portos, in A Segurança nos Portos, Uma Visão Integrada*, Mare Liberum, 2014, p. 35.

adaptar ao movimento de integração económica mundial, que teve como consequência a passagem das economias nacionais e regionais para a escala mundial, tendo aberto ainda mais as suas fronteiras económicas, já de si descerradas desde a integração na União Europeia.

Em concreto, e mais actualmente, o movimento global de mercadorias registado nos portos comerciais do continente no ano de 2019 ascendeu a cerca de 84.234.843 toneladas, transportadas por 28.149 navios[6]. Estes valores conduziram o transporte marítimo ao primeiro lugar dos modos de transporte internacional de mercadorias, correspondendo a 61,5% de toda a tonelagem importada e a 49,9% da exportada[7].

Todos estes números e estatísticas têm subjacente a finalidade última de permitir e operacionalizar o comércio à distância. Há séculos que o *shipping* é uma espécie de herói anónimo do comércio internacional, fazendo a ponte entre produtores, vendedores e compradores, tornando possível o consumo de matérias-primas e produtos processados a milhares de quilómetros dos locais de produção de umas e outros, permitindo, por isso, o alargamento dos mercados potenciais e efectivos de cada produtor.

Em termos mais próximos, as estatísticas referidas têm tradução física em centenas de navios que semanalmente demandam os portos nacionais, transportando mercadorias ao abrigo de instrumentos jurídicos diversos, nomeadamente de índole contratual, de que classicamente se destacam dois: o conhecimento de carga e o fretamento. Será sobre este último que nos debruçaremos infra.

[6] Movimento de Mercadorias e de Navios nos Portos Nacionais – 2019 (Valores Acumulados), Anuário Estatístico da Mobilidade e dos Transportes – Ano de 2019, 85 e 86, in http://www.imt-ip.pt/sites/IMTT/Portugues/IMTT/relatoriosectoriais/Documents/Anu%C3%A1rioEstat%C3%ADsticoMobilidadeTransportes_2019.pdf.

[7] Estatísticas dos Transportes e Comunicações 2019, INE, edição 2020, 69 e 70.

II.
CONTRATO DE TRANSPORTE MARÍTIMO DE MERCADORIAS E CONTRATO DE FRETAMENTO – ORIGEM COMUM E PONTOS DE DISTINÇÃO

O transporte marítimo de mercadorias é, por definição, transporte internacional. A sua lógica original é a de transporte de grandes quantidades de mercadorias a longa distância[8]. Por decorrência, o direito marítimo é, essencialmente, direito internacional. Os interesses comerciais internacionais essencialmente comuns têm, porém, contribuído acentuadamente para um esforço de unificação do direito marítimo que, mais do que em outras áreas jurídicas, surge como uma realidade. Neste esforço, não é de mais salientar o papel preponderante que a IMO, agência da ONU especificamente dedicada a lidar com questões marítimas (sobretudo ligadas à segurança da navegação, nomeadamente nas vertentes de prevenção de perdas e danos resultantes de fenómenos naturais e actos não intencionais [*safety*] e de actos intencionais, de origem humana [*security*], bem como de

[8] Muito embora, recentemente, preocupações de índole ecológica e energética tenham estado na origem de programas da União Europeia de fomento ao transporte marítimo de curta distância (o *short sea shipping* como modo de operação nas chamadas "*auto-estradas do mar*") [https://eur-lex.europa.eu/legal-content/PT/TXT/PDF/?uri=CELEX:52004DC0453&from=EN].

preservação eficaz do ambiente marinho), tem vindo a assumir nas últimas décadas.

Acresce a isto um outro factor de unificação resultante da prática secular: a utilização global da língua inglesa, como língua de base do *shipping*[9] (muito embora não possa deixar de se atentar num certo carácter ambivalente deste factor, sendo considerado por certa doutrina, sobretudo francesa, como uma dificuldade, dadas as reações de alguns países no tocante à protecção das línguas nacionais e de incentivo ao seu uso).

O mundo marítimo não é, porém, um mundo de perfeição e harmonia. A unificação do direito marítimo tem, naturalmente, limites, mormente os que resultam das reacções normativas de cada jurisdição nacional, colocando aos aplicadores do direito o encargo de resolver os múltiplos problemas de conflitos de leis.

Em Portugal, desde finais do Séc. XIX, o direito (comercial) marítimo teve a sua sede normativa no Livro III do Código Comercial de 1888. Era aí que, entre outros, se encontrava previsto o contrato de transporte marítimo de mercadorias.

Por via desse diploma, até 1986, o contrato de transporte marítimo de mercadorias confundia-se com o contrato de fretamento, decorrendo do disposto no art.º 542.º do Código Comercial[10], que o objecto do contrato designado por "*fretamento*" tanto poderia ser o navio, ou parte dele, como as mercadorias a transportar naquele.

[9] PHILIPPE DELEBECQUE, *Droit Maritime, 13eme édition*, 2014, Dalloz, e-book, § 43.

[10] Cuja formulação era a seguinte:

"*Artigo 542.º*

O contrato de fretamento póde ser:

1.º Redondo, por todo o navio;

2.º Por uma parte do navio;

3.º Por uma ou mais viagens;

4.º Á carga, á colheita ou á prancha, quando o capitão recebe de todos quantos se lhe apresentam as fazendas que bem lhe parece para serem carregadas e transportadas ao porto do destino;

5.º Por objectos determinados ou designados somente pelo seu numero, peso e volume.

§. 1.º Na falta de declaração o contrato presume-se ser de fretamento redondo.

§. 2.º Declarando o fretador ser o navio de lotação superior ou inferior á sua lotação real, se a differenca exceder a vigesima parte d'esta, o afretador tem direito a indemnisação por perdas e damnos".

Mário Raposo[11] dá-nos notícia de ter sido na legislação francesa de 1966 que primeiro se sistematizou a diferenciação entre os conceitos de fretamento e de transporte marítimo. Decomposta na sua simplicidade máxima, a diferença entre os dois conceitos traduzir-se-ia no seguinte: o fretamento respeita a um navio; o transporte, a uma carga. Não querendo deixar margem a dúvidas, o legislador português deixou esta distinção bem vincada no riquíssimo preâmbulo do D.L. n.º 352/86, de 21 de Outubro[12], demonstrando à saciedade a influência recebida nesta matéria da doutrina francesa, sobretudo de René Rodière.

É, portanto, recente, a distinção jurídica feita em Portugal entre duas figuras que, de facto e na prática, vinham sendo compreendidas como realidades distintas desde muito antes.

Esta raiz comum dos dois contratos, justificada por semelhanças do fim económico de ambos, não é, porém, original do direito português (ou, para este efeito, do francês). Ainda hoje, em alguma doutrina anglo-saxónica, é classificado genericamente como contrato de fretamento [*contract of affreightment*[13]] o que é celebrado pelo proprietário, armador ou fretador de um navio, directamente ou através de um agente, e mediante o qual aquele se obriga a transportar mercadorias por mar ou a fornecer um navio para esse propósito[14]. Este contrato de fretamento genérico poderá assumir diversas formas, sendo as duas mais

[11] *Estudos Sobre o Novo Direito Marítimo, Fretamento e Transporte Marítimo, Algumas Questões*, Coimbra Editora, 1999, 303.

[12] Contudo, apenas com o D.L. n.º 191/87, de 29 de Abril (art.º 49.º), o art.º 542.º do Código Comercial veio a ser expressamente revogado.

[13] Esta designação não é, todavia, unívoca ou pacífica, dado que a mesma é também comummente, e até sobretudo, utilizada para designar o contrato de volume (infra IV, 1.1.), inclusivamente em alguns dos contratos-tipo mais comuns no mercado, e.g., o GENCOA, da BIMCO, ou o INTERCOA, da INTERTANKO. Veja-se a propósito, para referência, Mário Raposo, *Sobre os Trabalhos Preparatórios da Lei Marítima de Macau*, in Estudos Sobre Arbitragem Comercial e Direito Marítimo, Almedina, 2006, 224-225.

[14] Thomas Edward Scrutton, *The Contract of Affreightment as Expressed in Charterparties and Bills of Lading*, Eigth Edition, Sweet and Maxwell, Limited, London, 1917, 1; John F. Wilson, *Carriage of Goods by Sea*, Pearson Education Limited, 7th Edition, 3; a própria UNCTAD assim o considerou no seu *Charter Parties, Report by the Secretariat of UNCTAD*, 1974, NY, § 20.

tradicionais a carta-partida [*charterparty*] e o conhecimento de carga [*bill of lading*][15].

Todavia, apesar da opção legislativa portuguesa nesta matéria parecer clara, de tal forma que o contrato de fretamento e o contrato de transporte de mercadorias por mar se encontram previstos em dois diplomas distintos (o primeiro no D.L. n.º 191/87, de 29 de Abril, e o segundo no D.L. n.º 352/86, de 21 de Outubro), autores nacionais há que, recentemente, surgiram a colocar em causa essa perspectiva dualista, sustentando a concepção unitária do contrato de transporte marítimo. É o caso de LUÍS DE LIMA PINHEIRO, que defende que o fretamento e o transporte sob conhecimento são diferentes subtipos do contrato de transporte marítimo. Segundo este Professor, também no fretamento o armador se obriga "*a prestar um serviço que tem por função a deslocação de mercadorias. Ou bem que o "armador" cede a utilização do navio ao afretador, e temos basicamente um contrato de aluguer, ou bem que é o "armador" a utilizar o navio, mas ao serviço de outrem*"[16].

Ao nível do direito comparado europeu continental, é também esta a posição declaradamente assumida pela recente lei de navegação marítima espanhola (Ley 14/2014, de 24 de Julho – *Ley de Navegación Marítima*), contrariando vozes autorizadas no país vizinho, como a de IGNACIO ARROYO MARTINEZ[17]. No entanto, como assinala este Professor[18], a própria *Ley de Navegación Marítima* reconhece na exposição de motivos que, partindo de uma concepção unitária de fretamento e transporte, não tem outra opção que não seja assumir que, desde logo, estes dois são modalidades distintas do transporte e que, para além destes, existem outros contratos de utilização de navios que implicam a disponibilização de embarcações para fins distintos do transporte.

[15] SIMON BAUGHEN (*Shipping Law, 6th Edition, Routledge*, 8) considera a carta-partida (embora apenas correspondente ao fretamento por viagem) e o conhecimento de carga como as principais formas do contrato de transporte de mercadorias por mar (*contracts of carriage of goods by sea*).

[16] *Contributo Para a Reforma do Direito Comercial Marítimo*, R.O.A., Ano 60.º, Dez. 2000, 1079.

[17] *Compendio de Derecho Marítimo* (*Ley 14/2014, de Navegación Marítima*), Quinta Edición, Editorial Tecnos, 231 e 233.

[18] *Ob. cit.*, 232.

Observando a experiência espanhola de normativização da concepção unitária, parece-nos aparente que a sujeição das duas figuras contratuais a um tratamento conceitual uno, em homenagem a um critério finalístico meramente funcional, não dá, por um lado, resposta adequada aos problemas que dessa classificação dogmática resultam, quer os de índole prática quer os de índole jurídica, e não traz, por outro lado, nenhuma vantagem palpável no tratamento jurídico relativamente ao que é oferecido pela concepção bipartida.

Desde logo, cremos que a concepção unitária assenta num pressuposto falacioso: de que o fretamento encontra a sua causa exclusiva no transporte, designadamente de mercadorias. Não parece ser correcta essa asserção, como se procurará seguidamente demonstrar.

A lei portuguesa define o contrato de fretamento de navio como aquele em que uma das partes (fretador) se obriga em relação à outra (afretador) a pôr à sua disposição um navio, ou parte dele, para fins de navegação marítima, mediante uma retribuição pecuniária denominada frete (art.º 1.º do D.L. n.º 191/87, de 29 de Abril). Ora, da definição legal resulta, desde logo, pela negativa, que o transporte não é o fim nem elemento essencial do contrato. Pelo contrário, da referida definição resulta, isso sim, que elemento essencial é que o navio seja posto à disposição do afretador para *fins de navegação marítima.* Reforçando esta ideia, o preâmbulo do diploma reitera que "*será ainda no fretamento em casco nu que por completo se esbate a vinculação, mesmo instrumental, entre o fretamento e o transporte de mercadorias. Como se assinala no artigo 39.º, n.º 1, poderá o afretador utilizar o navio em todos os tráfegos e actividades compatíveis com a sua finalidade normal características técnicas. A única limitação estará em que o navio seja utilizado para fins de navegação marítima, não estando, de modo algum, implícita a ideia de que tal utilização se confine ao transporte de mercadorias por mar. Nesta medida, parece de convocar a ideia de que todo o fretamento pressuporá uma expedição marítima*". Completando o esquema bipartido levantado pelo legislador português, o art.º 1.º do D.L. n.º 352/86, de 21 de Outubro, aponta decisivamente para o transporte de mercadorias como fim e justificação económica do contrato de transporte de mercadorias por mar.

Perante este cenário, parece-nos imperioso reafirmar que o ordenamento legislativo nacional adoptou claramente a posição dualista, pelo que a tese propugnada por Luís de Lima Pinheiro não tem apoio legal. A sua valia terá que ser colocada unicamente no plano de *lege ferenda*.

Refira-se ainda que, também doutrinalmente, não parece pacífica a corrente que identifica o transporte como finalidade do fretamento. Por exemplo, Ignacio Arroyo Martínez, referindo-se expressamente a este assunto[19], recusa a existência de tal relação de identidade. Para este notável maritimista, a finalidade económico-social do fretamento é a navegação, que inclui actividades tão distintas como a pesca, o transporte de pessoas ou coisas, a investigação oceanográfica, o lançamento de cabos submarinos, etc. Parece-nos, na verdade, ser esta a boa doutrina. Com efeito, muito embora não se possa ignorar que o transporte é a causa principal, funcional e estatisticamente, do fretamento, a verdade é que o esquema desta figura jurídica é adequado a acolher no seu seio uma multiplicidade de outras finalidades da utilização de navios, a que responde com eficácia igual à do transporte. Por outro lado, não se vislumbra qualquer razão ponderosa que justifique o enquadramento das situações de cedência de um navio para fins de navegação em quadros distintos do do fretamento para fins de transporte.

E, sendo assim, compreende-se melhor que o objecto imediato do fretamento e do transporte marítimo de mercadorias seja distinto e não sujeito a confusão. "*O fretamento respeita a um navio; o transporte a uma carga*"[20]. Ao passo que no fretamento o armador (fretador) obriga-se a uma determinada actividade, no transporte de mercadorias, obriga-se a um dado resultado. Com efeito, no fretamento, o fretador obriga-se a colocar à disposição do afretador um navio; no transporte de mercadorias, o transportador obriga-se perante o carregador a transportar a sua mercadoria e a encaminhá-la até um determinado porto[21].

Não é só no objecto que o fretamento e o transporte marítimo de mercadorias se distinguem, é também na sua justificação económica.

Para o transporte marítimo das suas mercadorias, o carregador pode optar por navios que naveguem regularmente em rotas pré-definidas, entre portos de escala fixos, seguindo horários pré-fixados e anunciados ao público pelas companhias que os operam, ou por navios que prossigam o tráfego de forma mais ou menos irregular, sem sujeição a tais rotas ou

[19] *Ob. cit.*, 249.

[20] Mário Raposo, *Fretamento e Transporte Marítimo, Algumas Questões*, in Estudos Sobre o Novo Direito Marítimo, Coimbra Editora, 1999, 304.

[21] Philippe Delebecque, *Droit Maritime*, § 620.

horários pré-definidos. Os primeiros integram-se no chamado tráfego de linha regular [*liner services*], habitualmente relacionado com o transporte contentorizado; os últimos, no chamado *tramping*[22-23].

Para carregadores que desejem transportar pouca carga, isto é, que não ocupe uma quantidade considerável do espaço livre disponível num navio, ou vários lotes de mercadorias heterogéneas, o recurso ao "*tramping*", através do fretamento, não surge como uma alternativa económica viável (com ressalva do fretamento parcial, cuja modalidade de reserva de espaço para contentores abordaremos mais à frente), pois implica um montante elevado de frete que dificilmente será compensado pelo valor da mercadoria transportada. Para estas situações, sempre que possível, o transporte em navios de linhas regulares, ao abrigo de um conhecimento de carga ou outro título de transporte, afigura-se como a melhor solução.

Por fim, e sobretudo, é no regime legal de cada um dos contratos que encontramos as maiores diferenças, dada a especificidade própria de cada um, sem esquecer as dificuldades práticas que geram ao entrelaçarem-se de forma nem sempre muito simples de concatenar. Ao passo que o fretamento é um contrato que, ainda hoje, deve muito da morfologia do seu conteúdo concreto à liberdade de contratar dos intervenientes, sendo as normas legais que o regem de índole essencialmente supletiva, o transporte marítimo de mercadorias encontra-se mais espartilhado no seu conteúdo, dado o carácter imperativo de um determinado conjunto de aspectos, nomeadamente os que se prendem com a responsabilidade (ou melhor, com a exclusão da responsabilidade) do transportador, que se encontram regulados por preceitos de origem normativa positiva e de ordem pública.

Com efeito, o contrato de transporte de mercadorias por mar é regido, no nosso direito interno, pelo D.L. n.º 352/86, de 21 de Outubro. O art.º 2.º deste diploma dispõe que o contrato é disciplinado pelos tratados

[22] Da palavra inglesa "*tramp*" (vagabundo), que se refere aos navios que vão irregularmente de porto em porto em busca de carga para transportar.

[23] O Regulamento (CE) n.º 4056/86 do Conselho, de 22 de Dezembro de 1986 (entretanto revogado), definia, no art.º 1.º, n.º 3, al. a), os serviços de *tramp* como "*o transporte de mercadorias a granel ou de mercadorias a granel embaladas (break-bulk) num navio fretado total ou parcialmente por um ou mais carregadores, com base num afretamento por viagem ou por tempo determinado ou por qualquer outra forma de contrato para serviços não regulares ou não anunciados se as tarifas de frete foram livremente negociadas caso a caso, de acordo com as condições da oferta e da procura*".

e convenções internacionais vigentes em Portugal e, subsidiariamente, pelas disposições do próprio D.L. n.º 352/86. Ora, sendo Portugal signatário da Convenção Internacional para a unificação de certas regras em matéria de conhecimentos de carga, assinada em Bruxelas em 25 de agosto de 1924 (Convenção de Bruxelas de 1924, também denominada "*Regras de Haia*") – cujas disposições, de resto, já haviam sido introduzidas no nosso direito interno através do D.L. n.º 37 748, de 01.02.1950 –, importa atentar no preceituado no seu art.º 5.º, que afasta a aplicação da Convenção às cartas-partidas. Tal exclusão é reforçada, no âmbito dos contratos de transporte marítimo de mercadorias sujeitos à legislação portuguesa, no art.º 29.º do citado D.L. n.º 352/86.

Ora, contrariamente ao que sucede no contrato de fretamento, o regime do contrato de transporte de mercadorias por mar prevê uma presunção *juris tantum* de responsabilidade do transportador pelos danos nas mercadorias transportadas, não tendo o interessado na carga de provar o nexo de causalidade entre o dano e um comportamento culposo do transportador. Este, por seu lado, poderá ilidir a presunção provando que o dano ocorrido resultou de inavegabilidade do navio, sem embargo de ter de demonstrar que actuou com razoável diligência, ou provando que o dano resultou de um dos factos exoneratórios ("*excepted perils*", "*cas exceptés*", "*pericoli esonerativi/eccettuati*") enumerados discriminadamente no n.º 2 do art.º 4.º da Convenção[24].

Embora em termos significativamente distintos, a presunção de responsabilidade continua a ser prevista no art.º 5.º, § 1, da Convenção das Nações Unidas sobre Contratos de Transporte Internacional de Mercadorias Total ou Parcialmente por Mar adotada em 23 de Setembro de 2009, em Roterdão, comummente designada por "*Regras de Roterdão*" (que, contudo, não se encontra ainda em vigor nesta data).

Tal presunção inexiste, como é bom de ver, no contrato de fretamento. Nesta última relação jurídica, o fretador nenhuma obrigação directa de resultado tem relativamente à mercadoria transportada. Assim, em matéria de responsabilidade, a posição do afretador/carregador no caso de danos causados à mercadoria transportada é substancialmente menos favorável do que a do carregador no contrato de transporte marítimo de

[24] Nuno Manuel Castelo-Branco Bastos, *Da Disciplina do Contrato de Transporte Internacional de Mercadorias por Mar*, Almedina, 2004, 278-284.

mercadorias já que sobre si impende o ónus de provar o dano e a culpa do fretador.

Por fim, ainda no campo das diferenças jurídicas, poderemos igualmente apontar a distinta forma de que tradicionalmente se reveste cada um dos contratos. Enquanto o fretamento se formaliza num documento chamado carta-partida [*charter-party*], o transporte marítimo de mercadorias documenta-se através do conhecimento de carga [*bill of lading*] ou de outros títulos de transporte. É, porém, de salientar que a recente evolução no sentido da simplificação das relações comerciais tem conduzido ao aparecimento de formas desmaterializadas de contratos, nomeadamente de transporte marítimo, que tornam algo limitada a distinção clássica.

A este propósito, importa dar nota de que as "*Regras de Roterdão*", malgrado não estarem ainda em vigor, permitem vislumbrar as modernas tendências internacionais ao nível do transporte marítimo de mercadorias, verificando-se um claro afastamento da tradicional terminologia do *bill of lading* e a sua substituição por um conceito mais abrangente, o *documento de transporte* (art.º 1.º, n.º 14), cuja negociabilidade deixa de ser elemento essencial, passando a elemento meramente facultativo.

Abordadas, embora superficialmente, as diferenças entre as duas figuras, tentaremos seguidamente compreender melhor o contrato de fretamento.

III.
CONTRATO DE FRETAMENTO

1. Regras comuns

§ 1.º Definição

O art.º 1.º do D.L. n.º 191/87, de 29 de Abril, define o contrato de fretamento de navio como aquele em que uma das partes (o fretador) se obriga em relação à outra (o afretador) a pôr à sua disposição um navio, ou parte dele, para fins de navegação marítima, mediante uma retribuição pecuniária denominada frete.

Como decorre da definição legal, e vimos supra (em II.), o objecto imediato do contrato de fretamento é, pois, um navio. De acordo com o disposto no art.º 1.º, n.ºs 1 e 2, do D.L. n.º 201/98, de 10 de Julho (Estatuto Legal do Navio), o navio é o engenho flutuante destinado à navegação por água, do qual fazem parte integrante, além da máquina principal e das máquinas auxiliares, todos os aparelhos, aprestos, meios de salvação, acessórios e mais equipamentos existentes a bordo necessários à sua operacionalidade. Trata-se, assim, de uma coisa móvel dotada de certas características funcionais (engenho destinado à navegação por água)[25], as quais serão indispensáveis, do ponto de vista da finalidade pretendida pelo

[25] ANTÓNIO MENEZES CORDEIRO, *Da Natureza Jurídica do Navio*, *in* II Jornadas de Lisboa de Direito Marítimo, O Navio, Almedina, 2012, 11.

afretador, para que o contrato possa ser considerado como de fretamento (com efeito, o próprio preâmbulo do D.L. n.º 191/87 exclui do âmbito do fretamento a utilização do navio para fins não relacionados com a navegação marítima).

Da definição da lei resulta ainda que o contrato de fretamento é um contrato bilateral, sinalagmático e formal[26]. Com efeito, esta última característica, que resulta do disposto no art.º 2.º do D.L. n.º 191/87, decorre da exigência de redução do contrato a escrito através de documento particular designado carta-partida.

Concatenando os artigos 6.º, n.º 1, 23.º e 34.º, do D.L. n.º 191/87, em qualquer das modalidades de fretamento, a carta-partida deve conter os seguintes elementos:

a) a identificação do navio, através do nome, nacionalidade e tonelagem;
b) a identificação do fretador e do afretador;
c) o frete.

Tradicionalmente, tem vindo a ser considerado pela doutrina[27] que, no fretamento, a relação entre o fretador e o afretador é de equilíbrio, pautando-se essencialmente pela isometria económica das partes. Como tal, não se justificaria aqui a protecção jurídica que o direito interno e o internacional vêm dispensando aos pequenos e médios carregadores no âmbito do transporte marítimo de mercadorias. É este entendimento que justifica que o regime legal seja sobretudo supletivo, deixando às partes a regulação na carta-partida dos termos do contrato (art.º 3.º do D.L. n.º 191/87).

Ora, em qualquer das suas modalidades, a obrigação principal do fretador é a de apresentar, na data e local acordados com o afretador, um navio concreto em estado de navegabilidade (art.º 7.º, al. b), do D.L. n.º 191/87).

O estado de navegabilidade pressuposto pela lei implica que, na data em que deva iniciar a ou as viagens, o navio reúna as condições, quer náuticas quer comerciais, necessárias ao fim para que se destina, de acordo com

[26] Na jurisprudência, veja-se o Ac. STJ de 13.02.1997, Proc.º n.º 96B552, relator Sampaio da Nóvoa, sumariado em www.dgsi.pt.

[27] René Rodière, *Droit Maritime,* Neuvième édition, 1982, Dalloz, 284.

o estipulado na carta-partida, isto é, que não só seja adequado a enfrentar razoavelmente os perigos do mar que sejam previsíveis na viagem ou viagens que visa empreender [*seaworthiness*] como seja também adequado a transportar a mercadoria convencionada [*cargoworthiness*][28]. A falta de qualquer uma destas condições determina a inavegabilidade do navio e, consequentemente, o incumprimento do contrato de fretamento[29].

Sem prejuízo do exposto, em função da modalidade de fretamento que esteja em causa, o conceito de navegabilidade poderá ser objecto de maior ou menor concretização, podendo ser mais denso – no caso do fretamento por viagem – ou menos denso – no caso do fretamento em casco nu.

No que tange à obrigação principal do afretador, ela é sempre a de pagamento do frete, cuja forma de determinação, contudo, varia em função da modalidade de fretamento que esteja em causa (no fretamento por viagem, o frete será determinado em função das concretas viagens contratadas e da quantidade de mercadoria a transportar; no fretamento por tempo e no fretamento em casco nu, o frete será, à partida, determinado em função do tempo de duração do contrato).

Refira-se, ainda, que o fretamento é um instrumento jurídico adequado a servir qualquer finalidade lícita do afretador, com excepção do fretamento por viagem, que apenas se mostra apto para o transporte de mercadorias, conforme decorre dos art.ºs 5.º e 6.º, n.º 1, al. c), do D.L. n.º 191/87[30].

§ 2.º Regime legal de responsabilidade

Fruto da diferente arquitectura de cada uma das modalidades do contrato de fretamento, que pouco mais têm em comum para além da

[28] Vasconcelos Esteves, *Fretamento de Navio para Transporte de Mercadorias, in* I Jornadas de Lisboa de Direito Marítimo, O Contrato de Transporte Marítimo de Mercadorias, Almedina, 2008, 313; no âmbito da explicação da obrigação implícita de navegabilidade do navio na *common law*, veja-se também Wilson, *ob. cit.*, 9-10; Paul Todd, *Principles of the Carriage of Goods by Sea*, Routledge, 2016, 61-63; e Yvonne Baatz, *Maritime Law*, 3rd edition, Routledge, 125-129.

[29] René Rodière, *ob. cit.*, 286.

[30] Mário Raposo, *O Novo Direito Comercial Marítimo Português*, in Estudos Sobre o Novo Direito Marítimo, Coimbra Editora, 1999, 238.

disponibilização de um navio para fins de navegação marítima em contrapartida de um frete, a legislação portuguesa refere-se ao regime de responsabilidade específico daquele em termos fragmentados, isto é, inserindo sistematicamente no capítulo referente a cada uma das modalidades concretas a definição de alguns dos aspectos da responsabilidade que são próprias de cada uma delas.

Importa notar que, no esquema legal, cada aspecto da responsabilidade liga-se directamente a uma concreta obrigação típica de cada uma das partes.

Assim, no que respeita ao fretamento por viagem, a lei aborda em particular a violação das obrigações do fretador de apresentação de um navio em condições de navegabilidade e de realização da viagem acordada (art.ºs 15.º e 16.º do D.L. n.º 191/87) e do afretador de apresentar as quantidades de mercadoria no tempo e lugar convencionados na carta-partida (art.ºs 10.º e 11.º do D.L. n.º 191/87).

Para garantia dos créditos emergentes do fretamento, o art.º 21.º estabelece a favor do fretador um direito real de garantia – direito de retenção – sobre as mercadorias transportadas, independentemente de quem seja o seu proprietário. Esta previsão específica tem uma justificação histórica, já que o art.º 561.º do Código Comercial vedava ao capitão do navio o exercício do direito de retenção sobre as mercadorias transportadas[31]. É, portanto, juridicamente relevante porque visa romper expressamente com a solução jurídica anterior, vigente no domínio do Código Comercial e, simultaneamente, bloqueia a possibilidade de, através de subfretamentos ou de emissão de conhecimentos de carga com base na carta-partida – e a frequência com que tais situações ocorrem –, no final da viagem o credor das mercadorias não ser já o devedor do frete, o que tornaria pelo menos duvidoso, à luz do disposto no art.º 754.º do Código Civil, que o fretador pudesse lançar mão do direito de retenção. Tal previsão equipara, neste particular, por similitude da materialidade das situações, o fretador ao transportador (art.ºs 755.º, n.º 1, al. a), do Código Civil, e 21.º do D.L. n.º 352/86, de 21 de Outubro), como resulta da expressa intenção legislativa vertida no preâmbulo do diploma e do disposto no art.º 21.º, n.º 3, do mesmo.

[31] *"Não pode o capitão para segurança do frete, avarias e despezas reter as fazendas a bordo, sendo-lhe unicamente lícito durante a descarga pedir o depósito das que forem sufficientes para aquelle pagamento".*

Relativamente ao fretamento a tempo, a lei aborda a violação do período de duração do fretamento, quer no caso de a mesma ser previsível no início da viagem determinada pelo afretador, quer nos demais casos em que a mesma seja imputável ao afretador (art.º 31.º do D.L. n.º 191/87), e a responsabilidade por avarias causadas ao navio pelas operações comerciais, em decorrência de, nesta modalidade, a gestão comercial pertencer ao afretador (art.º 32.º do D.L. n.º 191/87).

No tocante ao contrato de fretamento em casco nu, a lei não prevê especificamente as consequências para a violação de qualquer uma das obrigações das partes, limitando-se a remeter, subsidiária e genericamente, para as normas do contrato de fretamento a tempo e da lei geral sobre o contrato de locação. A estas normas deveremos, portanto, recorrer, designadamente nos casos de violação do período de duração convencionada do fretamento (art.º 31.º do D.L. n.º 191/87) e de perda ou deterioração do navio (art.º 1044.º do Código Civil).

Por fim, define o art.º 46.º do D.L. n.º 191/87, para todas as modalidades do contrato de fretamento, um prazo unitário para o exercício do direito de indemnização decorrente da violação daquele. Tal prazo é de dois anos, contado da data em que o lesado teve conhecimento do direito que lhe assiste.

À luz da regra geral vertida no art.º 298.º, n.º 2, do Código Civil, estaremos na presença de um prazo de caducidade.

Diferentemente sucede quanto ao prazo para o exercício do direito de acção fundado em responsabilidade civil extracontratual. Tal prazo é de prescrição e encontra-se previsto em termos gerais no art.º 498.º, n.º 1, do Código Civil.

2. Modalidades do fretamento

A lei portuguesa reconhece as três modalidades de fretamento tradicionalmente aceites na doutrina internacional: (i) o fretamento por viagem; (ii) o fretamento a tempo; e (iii) o fretamento em casco nu.

Para além de outras circunstâncias atinentes às prestações concretas de cada uma das partes, a lei recorre à determinação do titular da gestão náutica e da gestão comercial do navio como critério distintivo destas três modalidades.

A gestão náutica de um navio refere-se ao conjunto de operações e despesas relativos aos cuidados com o navio e suas partes componentes e à navegação propriamente dita, equipagem[32], armamento[33], salários da tripulação, manutenção, reparação e seguros do navio; a gestão comercial refere-se ao conjunto de operações e despesas relativos à carga – desde a sua captação até à entrega –, nomeadamente o aprovisionamento de combustível, despesas de escalas e de portos[34]. Menos clara, no entanto, se apresenta a inserção das operações de carga e descarga, estivagem e amarração, sobretudo no fretamento por viagem [infra 2.1.].

Assim, no fretamento por viagem, o fretador põe à disposição do afretador um navio (fretamento total), ou parte dele (fretamento parcial), para que este o utilize numa ou mais viagens previamente definidas, para o transporte de mercadorias determinadas. Nesta modalidade, cabe ao fretador a gestão náutica e comercial, o que contribui para dificultar, por vezes, a distinção deste contrato com o contrato de transporte, em que sucede uma alocação similar de responsabilidades.

Para além do fretamento por viagem única, é reconhecida igualmente uma outra espécie deste contrato, o fretamento por viagens consecutivas, que partilha com a primeira as características essenciais. A distinção principal entre ambas assenta apenas, como se intui, no número de viagens abrangido pelo contrato de fretamento por viagens consecutivas. Como já se referia no preâmbulo do D.L. n.º 191/87, de 29 de Abril, abrangerá esta espécie de fretamento "*um número determinado de viagens ou as que o navio possa realizar num certo período de tempo, contado desde o início da primeira, sem poder exceder uma data fixada para o último carregamento*".

No fretamento a tempo, o fretador põe à disposição do afretador um navio para que este o utilize durante um período de tempo convencionado. Nesta modalidade, cabe ao fretador a gestão náutica e ao afretador a gestão comercial. Trata-se, pois, principalmente, de um instrumento adequado

[32] O art.º 3.º do Código Penal e Disciplinar da Marinha Mercante (aprovado pelo Decreto-Lei n.º 33.252, de 20.11.1943) define a equipagem como o conjunto dos inscritos marítimos que a bordo prestam serviços que constam do documento denominado rol de matrícula.

[33] De acordo com o disposto no art.º 1.º, al. d), do D.L. n.º 202/98, de 10 de Julho, o armamento consiste no conjunto de actos jurídicos e materiais necessários para que o navio fique em condições de empreender viagem.

[34] René Rodière, *ob. cit.*, 280; e Vasconcelos Esteves, *ob. cit.*, 309.

para quem (afretador) pretenda ter à disposição durante um certo período de tempo uma determinada capacidade de transporte marítimo sem ter de suportar os encargos financeiros de aquisição de um navio ou as responsabilidades do armamento, manutenção e navegação.

Por fim, no fretamento em casco nu, o fretador põe à disposição do afretador um navio não armado nem equipado, para que este o utilize durante um período de tempo convencionado. Nesta modalidade, cabe ao afretador a gestão náutica e comercial. A principal distinção entre o fretamento em casco nu e o fretamento por viagem ou a tempo reside na circunstância de, no primeiro, o afretador ter o controlo do próprio navio enquanto nas últimas modalidades, o afretador ter apenas algum controlo sobre o uso do navio.

Alguma doutrina vem reconhecendo, no seguimento dos ensinamentos provenientes de além-Mancha, que o fretamento em casco nu pode revestir-se de duas modalidades, sendo a mais simples a prevista no art.º 33.º do D.L. n.º 191/87, de 29 de Abril, ou seja, a colocação à disposição do afretador de um navio não armado ou equipado [*bareboat charter*] ou com um armamento ou equipagem incompletos [*bareboat by demise charter*]. De todo o modo, realce-se que, mesmo entre os autores britânicos, esta distinção não se afigura pacífica, sendo mais comum a posição que se refere a um conceito unitário, de modo a coincidir sensivelmente com a definição adoptada pelo legislador português.

Refira-se ainda que esta distinção é relevante no caso de serem emitidos conhecimentos de carga a coberto da carta-partida, sendo também distinta a solução em termos de responsabilidade quanto ao navio e quanto à carga em cada modalidade de fretamento.

Vejamos, então, o regime de cada uma das modalidades do fretamento.

2.1. *Fretamento por viagem*

2.1.1. *Obrigações do fretador*

Nesta modalidade do fretamento, as obrigações do fretador podem ser divididas em obrigações referentes ao próprio navio e obrigações relativas à viagem. Vejamos cada uma delas.

§ 1.º Obrigação de apresentação de um navio em estado de navegabilidade

Como referimos supra, no fretamento por viagem, o fretador disponibiliza ao afretador um navio em bom estado de navegabilidade, para que este utilize na totalidade, ou apenas parcialmente, a sua capacidade de transporte de mercadorias numa ou mais viagens entre portos previamente definidos.

Relativamente à questão de saber quando se considera o navio chegado ao porto convencionado, veja-se infra o ponto 2.1.3, § 1.º [*Estadias*].

É, prática e juridicamente, indispensável que o fretador apresente o navio ao afretador na data e local convencionados. Na verdade, só com o cumprimento desta obrigação o afretador poderá cumprir com a sua própria obrigação de entregar as mercadorias para transporte, como se verá infra, pelo que aquela primeira se apresenta como condição lógica desta última.

É também essencial à boa execução do contrato não só que o navio se apresente em bom estado de conservação e apto a enfrentar os perigos de uma expedição marítima – tendo em conta a concreta expedição contratada [*seaworthiness*], mas também que tenha as características necessárias a assegurar o adequado transporte das mercadorias convencionadas [*cargoworthiness*]. É a própria lei portuguesa que faz depender a navegabilidade do navio da verificação das condições técnicas a que o mesmo deva obedecer, de acordo com a legislação em vigor, e do preenchimento dos requisitos necessários à viagem que vai empreender e à carga que vai transportar (art.º 8.º do D.L. n.º 201/98, de 10 de Julho).

Para além disso, é também necessário que o fretador o apresente armado, equipado e dotado de uma tripulação apta e capaz.

Apesar da inegável semelhança com o contrato de transporte, em que o transportador toma a seu cargo a mercadoria e se obriga a um resultado, nomeadamente a deslocação e entrega da mesma até um ponto pré-determinado, no fretamento por viagem "*o fretador não toma a seu cargo o carregamento, nem se obriga a transportá-lo (...) ainda que a deslocação das mercadorias constitua, por assim dizer, o objectivo da operação de fretamento*"[35].

O fretador mantém, pois, a gestão náutica e comercial do navio, cabendo-lhe a responsabilidade por todos os actos e operações relacionadas com

[35] Vasconcelos Esteves, *ob. cit.*, 309-310.

a manutenção, navegação e aprovisionamento do navio entre os pontos de partida e de chegada da viagem. É, porém, duvidoso se a estiva e amarração da carga nos porões ou no convés – quando permitida – não se deva considerar inserida na gestão comercial do navio.

A lei coloca, no art.º 9.º, al. b), do D.L. n.º 191/87, entre as obrigações do afretador a de carregar e descarregar a mercadoria do navio. Esta obrigação, diga-se, coaduna-se com a perspectiva jurídica do fretamento como um contrato que tem por objecto um navio. Deveria, pois, ser o afretador o responsável pelas operações inerentes à carga e descarga da mercadoria para cujo transporte fretou o navio. Sucede, porém, que a estiva e amarração da carga a bordo do navio contendem directamente com a segurança deste em alto mar, já que uma arrumação incorrecta poderá interferir com o desempenho daquele sobretudo em situações mais difíceis de navegação. MÁRIO RAPOSO já vinha advertindo que, apesar de as operações de carga e descarga caberem ao afretador e deverem ser por ele efectuadas, directamente ou por terceiros por si contratados, sempre caberia ao capitão do navio o dever de fiscalizar a estiva, recaindo sobre este, pelo menos, um dever de vigilância[36].

Ora, esta é a posição que melhor se compatibiliza com a responsabilidade do capitão do navio na expedição marítima, nomeadamente com os deveres e obrigações que os arts. 5.º e 6.º, n.º 1, al. a), do D.L. n.º 384/99, de 23 de Setembro, lhe impõem (mesmo relativamente à boa estiva e arrumação das mercadorias) [*"O capitão exerce os poderes conferidos, por lei ou contrato, com vista à boa condução da expedição marítima, designadamente os respeitantes ao navio, à carga e a quaisquer outros interesses naquela envolvidos"*]. Daí que não possa deixar de se reconhecer razão a VASCONCELOS ESTEVES[37] quando distingue entre *estiva comercial* e *estiva náutica*, fazendo corresponder a primeira à distribuição e fixação das mercadorias com vista *à conservação* das mesmas, cuja responsabilidade cabe ao afretador, e relacionando a última com o navio, a sua *estabilidade e segurança*, caindo, portanto, no âmbito das funções do capitão, que por ela responde do mesmo modo que o fretador.

Destarte, é possível compreender melhor a alocação de responsabilidades no contrato de fretamento por viagem, alargando-se a gestão náutica,

[36] *Fretamento e Transporte Marítimo, Algumas Questões, ob. cit.*, 333-334.

[37] *Ob. cit.*, 314-315.

da responsabilidade do fretador, à estiva e arrumação da mercadoria, na vertente da segurança da expedição marítima, e mantendo a responsabilidade do afretador pela gestão da estiva e arrumação da carga, na vertente da conservação desta.

A valia da regra prevista no art.º 9.º, al. b), do D.L. n.º 191/87, cinge-se, pois, essencialmente à imputação económica e jurídica ao afretador dos custos e riscos das operações de carregamento e descarga do navio. Não se afigura ser admissível uma leitura literal, no sentido da imputação ao afretador da responsabilidade pela definição e fiscalização do plano de estiva e amarração da mercadoria a bordo. É também esta a solução adoptada pela *Ley de Navegación Marítima* espanhola, ao consagrar no n.º 3 do art.º 218.º a responsabilidade do fretador pelas consequências para a viagem de uma estiva defeituosa, ainda que o carregamento e a estiva sejam efectuadas por conta e risco do afretador.

De igual forma, a apontada distinção permite conjugar a responsabilidade pelas operações de carga e descarga do navio com o regime de estadias aplicável ao fretamento por viagem, que faria pouco ou nenhum sentido se coubesse ao fretador tal responsabilidade.

Em qualquer caso, por força da necessária compatibilização de obrigações das partes, o adequado cumprimento do contrato impõe ao fretador o dever de fornecer ao afretador, ou aos agentes deste, com adequada antecipação relativamente ao momento do início do carregamento, todas as informações referentes à capacidade, condições e limitações de acondicionamento da mercadoria nos porões ou no convés – quando o transporte aqui seja permitido –, assim contribuindo activamente para que a arrumação desta obedeça aos requisitos de segurança do navio.

No contrato, as partes deverão estipular em que local do navio as mercadorias deverão ser transportadas, uma vez que apenas os espaços normalmente destinados ao depósito e transporte de carga deverão ser utilizados. No tocante ao transporte no convés, vem de longe a regra de que as mercadorias não deverão aqui ser transportadas. São admissíveis, no entanto, algumas excepções a essa regra, nomeadamente: i) o acordo das partes expresso na carta-partida; ii) o uso e costume do transporte de certo tipo de mercadorias no convés; e iii) o transporte de contentores.

§ 2.º Obrigação de realização da viagem convencionada

Embora não referida expressamente na lei, o fretador tem ainda o dever de executar a(s) viagem(ns) convencionadas utilizando a via mais directa até ao porto de destino[38]. Isto sucede quando as partes não determinam na carta-partida o prazo dentro do qual o navio deverá chegar ao porto de desembarque, situação em que a obrigação do fretador passa a ter prazo certo, ficando a rota do navio à escolha deste. Não é, porém, comum existir este tipo de estipulação convencional objectiva.

O dever de cumprir a viagem em prazo razoável é considerado na *common law* uma obrigação implícita do fretador[39], sendo entre nós um corolário do princípio da boa fé no cumprimento dos contratos genericamente previsto no art.º 762.º, n.º 2, do Código Civil. É também este princípio que norteia os desvios admissíveis, exigindo que sejam justificados e razoáveis. Parece acertado considerar aqui justificadas as situações em que o desvio de rota é admissível à luz do art.º 4.º, n.º 4, das "*Regras de Haia*"[40], já que as mesmas não são específicas do contrato de transporte de mercadorias, antes refletindo razões de humanidade universalmente válidas e aceites.

2.1.2. Obrigações do afretador

As obrigações principais do afretador são de dois tipos, estando ligadas à obrigação de pagamento do frete e à apresentação, carregamento e descarga da mercadoria. Abordaremos também a eventual obrigação de indicação de um porto seguro.

Começaremos pela primeira, já que se trata da obrigação principal.

§ 1.º Obrigação de pagamento do frete

O frete é estipulado na carta-partida, podendo ser determinado em função dos critérios que as partes considerem mais convenientes,

[38] Vasconcelos Esteves, *ob. cit.*, 314.

[39] Yvonne Baatz, *ob. cit.*, 136; Wilson, *ob. cit.*, 15.

[40] Salvamento de vidas ou bens no mar e outros desvios razoáveis.

mormente da quantidade ou volume da mercadoria a transportar; tipo de manuseamento exigido; perigosidade da carga; da distância das viagens; ou até ser convencionada uma retribuição global previamente acordada, independente de qualquer outro critério.

O frete representa o valor de um serviço prestado pelo fretador, sendo habitualmente composto de custos fixos (com licenças, seguros, amortizações bancárias, etc.), custos variáveis (com a manutenção e aprovisionamento de combustível do navio, salários da tripulação, etc.), custos portuários directos e indirectos e margem de lucro. Refira-se que, dependendo da vontade das partes, o frete poderá incluir as despesas com as operações portuárias de carga e descarga da mercadoria ou excluí-las, devendo, neste caso, tais despesas ser liquidadas directamente pelo afretador ao operador.

É habitual as partes convencionarem o tempo e escalonamento do pagamento. Todavia, independentemente desta convenção, o direito ao frete vence-se com a apresentação do navio, em condições de navegabilidade, ao afretador na data e local acordados.

O crédito do fretador pelo frete goza de garantia real sobre as mercadorias transportadas, mais propriamente de direito de retenção (art.º 21.º, n.º 1, do D.L. n.º 191/87).

§ 2.º Obrigação de apresentação da carga, carregamento e descarga

A segunda obrigação essencial do afretador relaciona-se com a carga e divide-se no dever de apresentação da mercadoria convencionada na data e local designados para embarque e no dever do seu carregamento e descarga.

Quanto ao primeiro destes deveres, ele decorre naturalmente da economia do contrato de fretamento por viagem e tem como condição prévia a apresentação do navio de transporte por parte do fretador. Assim, desde que o fretador cumpra esta sua obrigação, o afretador fica desde logo obrigado ao pagamento do frete por inteiro, ainda que não apresente a totalidade da mercadoria para embarque (art.º 10.º do D.L. n.º 191/87). Porém, se a quantidade de mercadoria apresentada para transporte e carregada for superior à convencionada, o afretador fica obrigado ao pagamento de um frete suplementar proporcional à quantidade excedente (art.º 11.º do D.L. n.º 191/87). Refira-se, no entanto, que a norma em questão não parece estabelecer a obrigatoriedade de o fretador ser obrigado a aceitar a mercadoria que exceda a prevista na carta-partida, antes surgindo como um remédio para o caso de se constatar o excesso na operação de carregamento – sendo que as discrepâncias são comuns, sobretudo no caso dos granéis. Assim se compreende a formulação legal, que coloca a tónica na mercadoria *carregada* – *"Se o navio carregar quantidade de mercadoria superior à convencionada (...)"* – e não na mercadoria *apresentada*.

Como também vimos supra, compete ao afretador apresentar a mercadoria em condições de ser embarcada e arrumada nos locais destinados ao transporte. É, portanto, sobre o afretador que recai o encargo de obter a mercadoria e a subsequente obrigação de proceder ao seu acondicionamento ou embalamento – em contentores, sacos, fardos, etc. – de forma a poder ser embarcada.

§ 3.º Obrigação de indicar um porto seguro

Importa ainda questionar se existe uma obrigação de o afretador garantir a segurança dos portos indicados para carga e descarga na carta-partida, questão que assume particular importância para efeitos da responsabilidade associada à impossibilidade de aceder ou utilizar de forma segura para o navio e a sua tripulação qualquer um daqueles portos.

A lei não refere expressamente em qualquer um dos dispositivos referentes às obrigações das partes a quem cabe a definição dos portos de carga e de descarga. Alude, contudo, o art.º 6.º, n.º 1, al. d), do D.L. n.º 191/87, que a indicação dos mesmos deve constar da carta-partida. Não parece haver impedimento legal a que essa indicação seja feita posteriormente à celebração do contrato, desde que para tanto haja acordo das partes, em acto receptício que complete e se integre na carta-partida.

No que tange à matéria da segurança do porto, poderá tomar-se como ponto de partida que o porto, cais ou fundeadouro *"(...) só serão considerados seguros se no período relevante o navio puder alcançá-los, utilizá-los e sair deles sem que, caso não se verifique qualquer evento anormal, fique exposto a um perigo que não possa ser evitado por uma boa navegação"*[41]. Naturalmente, qualquer

[41] Luís de Lima Pinheiro, *O Porto no Fretamento à Viagem*, R.O.A., Ano 75, III-IV, Jul./Dez. 2015, 561.

expedição marítima envolve um conjunto de riscos insusceptíveis de serem afastados à partida, pelo menos no actual estado do conhecimento e da tecnologia naval. Nessa medida, os normais perigos de mar não serão adequados a afastar a qualificação de um determinado porto, cais ou fundeadouro como seguro. Apenas os riscos decorrentes de factos humanos ou da natureza que excedam aquele normal poderão acarretar a falta de segurança de qualquer um daqueles locais. No entanto, determinar se um porto pode ou não ser considerado seguro é matéria para ser apurada em cada caso, tendo em conta o concreto navio envolvido[42].

A este propósito, Luís de Lima Pinheiro[43] distingue duas situações:

(i) havendo estipulação de que o navio deve proceder para porto, cais ou fundeadouro seguro: "*se o porto tiver de ser designado pelo afretador dentro de uma determinada área ou o cais ou fundeadouro tiverem de ser designados pelo afretador dentro do porto, o sentido da estipulação é inequívoco: o afretador garante a segurança do local designado.*
Se o porto, cais ou fundeadouro forem indicados na carta-partida, já pode haver hesitações, que terão de ser resolvidas à luz da interpretação do contrato. Em caso de dúvida, parece de entender que a cláusula tem o sentido de uma garantia de segurança dada pelo afretador.";

(ii) não havendo estipulação: "*na falta de estipulação sobre a segurança no porto, o regime jurídico aplicável não é claro. Se o porto, cais ou fundeadouro forem indicados na carta-partida, ou designados pelo afretador de entre os indicados na carta-partida, parece que o afretador não pode ser responsável pela falta de segurança do porto, cais ou fundeadouro indicados. Com efeito, o transportador tem neste caso de averiguar se os locais de carregamento ou descarga são seguros para o seu navio. Já parece de presumir que o afretador garante a segurança do porto, cais ou fundeadouro que sejam por si designados ao abrigo de uma faculdade consagrada na carta-partida*".

Alguns modelos de carta-partida contêm já previsões específicas sobre esta questão. Por exemplo, o Asbatankvoy, o Bimchemvoy e o Norgrain definem que cabe ao afretador a designação de local seguro para a carga e para a descarga, pelo que o reconhecimento de uma

[42] Wilson, *ob. cit.*, 26.

[43] *O Porto no Fretamento à Viagem*, 561-562.

garantia de segurança convencional por parte do afretador não levanta dúvidas.

Já no caso da ausência de tal estipulação – e.g., o GENCON 94 –, não parece poder extrair-se uma regra geral quanto à existência de tal garantia por parte do afretador.

A jurisprudência e doutrina anglo-saxónicas distinguem, nesta matéria, entre o fretamento por viagem e o fretamento por tempo. No que tange especificamente ao primeiro, apesar da existência de uma corrente de opinião que entendia estarem os afretadores vinculados a uma obrigação contínua de segurança do navio fretado, excluindo, porém, ocorrências anormais, tal posição veio a merecer críticas, por efectivamente transformar os afretadores em seguradores contra riscos de danos no navio e de sobrestadias[44]. Actualmente, não se verificando uma tendência jurisprudencial clara quanto à existência da falada obrigação implícita, afigura-se que, nas situações em que o afretador tenha o direito de indicar o porto, a afirmação da referida obrigação não funciona automaticamente, antes dependendo dos termos concretos da carta-partida e da eventual necessidade da aludida garantia para conferir eficácia ao negócio[45] – necessidade que não se verifica, por regra, sempre que a carta-partida contenha a cláusula de que, na impossibilidade de aceder ao porto e local convencionados, o navio deverá deslocar-se para local tão próximo do mesmo quanto o permitam as condições de segurança (*"so near thereto as she can safely get"*), assim se solucionando a dificuldade de cumprimento integral e pontual do contrato de fretamento decorrente da falta de segurança do porto.

Contrariamente às leis portuguesa e francesa, que não preveem, de igual modo, que sobre o afretador recaia a obrigação de garantir a segurança dos portos indicados, seja para a carga seja para a descarga, a *Ley de Navegación Marítima* espanhola aborda expressamente esta questão, apresentando uma solução pautada por algum equilíbrio e razoabilidade. Vejamos.

[44] Martin Dockray, *Cases & Materials on the Carriage of Goods by Sea*, Third Edition, Cavendish, 304.

[45] Wilson, *ob. cit.*, 25; Julian Cooke (and seven others), *Voyage Charters*, 4th edition, Routledge, 127.

A *Ley*[46] começa por consagrar uma presunção ilidível de que, ao contratarem, o fretador e o afretador conheciam as características do porto de carga convencionado, onde o navio deverá ser posto à disposição deste último. Na eventualidade de o porto se revelar de acesso impossível ou inseguro para o navio, qualquer uma das partes poderá resolver o contrato, salvo se a impossibilidade ou insegurança forem meramente temporárias, caso em que deverão esperar um período de tempo razoável que estas cessem.

Cabendo ao afretador designar o porto de carga, deverá aquele exercer tal faculdade em prazo oportuno, indicando um porto seguro e acessível ao navio. Caso o porto assim indicado não reúna essas condições, o fretador poderá exigir a designação de outro dentro da mesma área por forma a permitir o cumprimento do contrato. Incumprindo o afretador esta obrigação de designar outro porto, poderá o fretador resolver o contrato. Esta regra, prevista no art.º 216.º, n.º 1, é também aplicável, por força do art.º 225.º, n.º 2, à hipótese de caber ao afretador a designação do porto de destino.

Referindo a carta-partida, desde logo, o porto de destino, não havendo lugar à sua designação posterior, se o mesmo não for acessível em condições de segurança para o navio, poderá o fretador dirigi-lo para o porto conveniente mais próximo do destino, podendo exigir que a mercadoria transportada seja aí aceite. Não poderá, contudo, fazer uso desta faculdade se o obstáculo for meramente temporário, caso em que deverá aguardar por um período razoável a cessação da impossibilidade de acesso.

Porém, se a causa de insegurança já se verificar no momento da celebração do contrato e o porto de destino constar deste, recai sobre o fretador a obrigação de suportar os gastos que acarrete a descarga num porto distinto do convencionado, salvo se as circunstâncias forem de molde a permitir concluir que aquele não conhecia os factores de insegurança do porto no momento do contrato[47][48].

As soluções da lei espanhola têm a virtualidade de ponderar os interesses económicos em jogo, distribuindo o específico risco em causa pelas

[46] Art.º 215.º.

[47] Art.º 225.º, n.º 3.

[48] Estas regras são também aplicáveis à indicação de cais ou lugar de descarga por força do art.º 226.º.

partes à luz do conhecimento, ou desconhecimento, que é expectável que cada uma delas tenha no que tange à segurança dos portos de carga e descarga, nomeadamente não sobrecarregando o afretador com os riscos decorrentes do conhecimento de condições que não é de presumir que normalmente tenha, por, em princípio, não ser profissional do ramo da navegação ou dos transportes marítimos – sobretudo no fretamento à viagem. Concede-se, todavia, que isto possa não ser verdade no caso de transportes de matérias muito específicas, como crude e produtos petrolíferos, cereais, produtos químicos ou outros, que habitualmente se fazem utilizando frequentemente as mesmas rotas e exigem instalações de carga e descarga adequadas e apropriadas, aceitando-se aí que possa presumir-se que o afretador tenha conhecimento das condições dos portos.

Em qualquer caso, descortina-se na lei espanhola a intenção de desenhar um esquema que privilegie a efectiva realização do transporte marítimo e, por essa via, a prossecução do interesse económico de ambas as partes com o mínimo de sacrifício possível.

Na doutrina francesa, René Rodière[49] e Philippe Delebecque[50], reconhecendo a jurisprudência inglesa como a referência nesta matéria, apontam como válidas as seguintes regras dela extraídas:

- O julgamento sobre a segurança de um determinado porto não pode ser efectuado após o acontecimento. O momento relevante para tal é o da entrada do navio no porto, tendo em conta o tempo necessário para aí levar a cabo as operações necessárias ao cumprimento do contrato e as condições previsíveis à saída do mesmo;
- Quando o porto for designado logo na carta-partida, o fretador não pode afirmar posteriormente que ele não é seguro (regra válida sobretudo para o fretamento por viagem);
- A noção de porto seguro está ligada à segurança física do navio e da sua tripulação, não relevando para o efeito as capacidades comerciais do porto.

Não obstante no ordenamento jurídico português, na falta de norma expressa ou de uso atendível, não parecer poder afirmar-se a existência

[49] *Ob. cit.*, 291-292.

[50] *Droit Maritime*, § 647.

de uma obrigação implícita do afretador de garantir a segurança dos portos indicados na carta-partida, também reconhecemos a valia daquelas asserções sempre e quando tal obrigação se possa afirmar.

Impõe-se, contudo, enquadrar as aludidas regras definindo o âmbito temporal e objectivo da obrigação do afretador.

Ao efectuar a designação do porto, seja para a carga ou para a descarga, o afretador terá de ter em vista a sua acessibilidade e operacionalidade à data em que, nos termos do contrato, o navio o deva demandar. É possível, pois, que um determinado porto seja impraticável na data da celebração do contrato de fretamento ou da sua designação e seja praticável na data em que o contrato deva ser executado. Pensemos no caso dos portos que só são acessíveis uma parte do ano, ficando bloqueados total ou parcialmente no Inverno, como, por exemplo, alguns dos situados nos Mares Báltico, Ártico, na Costa Leste do Canadá, etc.

Não parece, outrossim, poder impor-se uma obrigação de garantia contínua ao afretador[51]. Esta obrigação apenas fará sentido, e será exigível, face a circunstâncias objectivas previsíveis, estando afastada relativamente a factos anormais e imprevisíveis[52]. Quanto a estes, as consequências para a vida do contrato são as que decorrem do disposto nos art.ºs 14.º e 17.º do D.L. n.º 191/87, de 29 de Abril. Tratando-se de impossibilidade de aceder ou operar no porto de carga, o contrato poderá ser resolvido por qualquer uma das partes sem que haja lugar a responsabilidade de qualquer uma delas; tratando-se de impossibilidade de aceder ou operar no porto de descarga por período superior a cinco dias, o fretador tem a

[51] Apesar de o Supremo Tribunal Federal dos Estados Unidos ter decidido recentemente, em 30.03.2020, no caso *CITGO Asphalt Refining Co. v. Frescati Shipping Co.*, que a cláusula de nomeação de um porto seguro configura uma verdadeira garantia de segurança prestada pelo afretador e não meramente um dever de diligência na sua escolha, salvo quando a sua formulação preveja especificamente que a obrigação do afretador é efectivamente de mera diligência. No entanto, veja-se o voto discordante dos juízes Thomas e Alito, rejeitando que o texto da cláusula concreta – constante do modelo ASBATANKVOY – possa constituir uma garantia absoluta de segurança do afretador, aceitando como possível, no entanto, essa interpretação na eventualidade de se verificar que a mesma corresponde aos usos e costumes do comércio num determinado tempo e lugar, que sejam conhecidos das partes, o que, apenas em concreto (como matéria de facto) se poderá averiguar [https://www.supremecourt.gov/opinions/19pdf/18-565_3d93.pdf].

[52] Sobre este aspecto na doutrina britânica, veja-se WILSON, *ob. cit.*, 30.

faculdade de desviar o navio para um porto próximo que ofereça condições idênticas e aí efectuar a descarga, com isso se considerando cumprido o contrato.

O incumprimento culposo da obrigação do afretador de garantir a segurança do porto tem como consequência o correspectivo direito do fretador a suplemento de frete por sobrestadias, bem como a ser indemnizado pelos danos físicos sofridos pelo navio ou equipagem, se se verificarem os pressupostos de um ou outro. Tal incumprimento, se se reflectir materialmente na iminência de uma situação de perigo para o navio ou para a tripulação, constitui causa justificativa da recusa de cumprimento do contrato por parte do fretador, no que respeita à obrigação de apresentação do navio no porto de carga convencionado ou de descarga no porto de destino acordado. Aliás, num juízo *ex ante*, de prognose póstuma, sendo patente para o capitão, à luz dos deveres previstos nos art.ºs 5.º, n.ºs 2 e 3, al. a), do D.L. n.º 384/99, de 23 de Setembro, e 28.º do D.L. n.º 191/87, de 29 de Abril, a existência de um risco significativo para o navio ou para a tripulação no acesso e/ou na permanência num determinado porto, a decisão de entrada no mesmo poderá ser susceptível de interromper o nexo causal entre o facto do afretador e o dano ou, pelo menos, de constituir situação de concorrência de culpas.

2.1.3. Estadias, sobrestadias e subestadias

Na aventura marítima que o fretamento por viagem pressupõe, poderemos encontrar pelo menos quatro etapas, perfeitamente autonomizáveis: (i) a deslocação da carga até ao porto de embarque; (ii) o embarque da carga; (iii) a viagem até ao porto de destino; e (iv) o desembarque da carga.

A matéria de que agora nos ocupamos tem impacto nas etapas (ii) e (iv), ou seja, nas fases de carga e descarga da mercadoria transportada.

Já sabemos que o navio de transporte de mercadorias é jurídica e economicamente um estabelecimento comercial, vocacionado para a obtenção de lucro para o seu explorador. Ora, o navio só gerará rendimento, e lucro, se estiver em actividade, isto é, se e enquanto transportar mercadorias de um porto para outro. Por isso, o fretador pretenderá sempre fazer um uso intensivo da sua embarcação. As imobilizações em porto, pese embora necessárias, são, por isso, momentos que o proprietário, armador ou fretador pretende reduzir ao mínimo, diminuindo tanto quanto possível a perda de rentabilidade[53].

Sucede, porém, que o afretador necessita de tempo suficiente para carregar, descarregar, estivar e arrumar a sua mercadoria. No cálculo do tempo necessário, o afretador considerará não só o tipo e a quantidade de mercadoria, mas também as regras e usos dos portos de carga e descarga, em que se incluem os dias e as horas de trabalho e, bem assim, os equipamentos disponíveis para as operações de estiva.

Gera-se, portanto, entre os interesses conflituantes de fretador e afretador nesta matéria uma tensão evidente e sensível, que não só se observa no momento da realização das operações físicas de carga e descarga, mas que se revela logo na fase pré-contratual da relação, com a negociação (quando possível, dada a comum utilização neste sector de clausulados pré-elaborados) e consagração no contrato de fretamento de uma cláusula prevendo o período admitido para as estadias do navio e o valor para as sobrestadias.

Já em 1990, o Secretariado da UNCTAD, em relatório produzido acerca do contrato de fretamento[54], afirmava que grande parte dos seus inquiridos identificava as cláusulas de estadia e sobrestadia previstas naquele tipo de contrato como estando na origem da maior parte dos litígios no âmbito dos contratos de fretamento por viagem[55]. É este, na verdade, o ponto de maior atrito entre fretadores e afretadores e que, na prática, maiores problemas gera para os juristas, de tal forma que, visando mitigar este potencial litigioso, uniformizando a interpretação das aludidas cláusulas, o Comité Marítimo Internacional e algumas associações privadas ligadas à indústria do shipping, emitiram, em 1980, um documento designado "*Laytime Definitions for Charter Parties*"[56], que integra um conjunto de definições das expressões mais comuns utilizadas naquelas).

[53] Daí que se compreenda que, por vezes, as partes no contrato de fretamento estipulem um prémio para as situações de não utilização integral do tempo convencionado para a estadia, chamado *dispatch money* na doutrina anglo-saxónica. Também a lei portuguesa prevê esse prémio de subestadia no art.º 13º, n.º 2, do D.L. n.º 191/87, de 29 de Abril. Cfr. infra, § 3.

[54] *Charter Parties, A Comparative Analysis, Report by the UNCTAD Secretariat*, 1990, 59.

[55] Também assim, Delebecque, *Droit Maritime*, § 657.

[56] Cuja versão actual data de 2013, podendo ser consultada em https://www.bimco.org/contracts-and-clauses/bimco-contracts/laytime-definitions-for-charter-parties-2013.

Vejamos, então, mais em detalhe o que são e qual o regime das estadias, sobrestadias e subestadias.

§ 1.º Estadias

Chamam-se estadias [*laytime*] aos períodos temporais que o afretador dispõe para as operações de carga e descarga do navio, ficando este disponível para esse efeito sem que haja lugar ao pagamento de qualquer suplemento de frete.

Como referimos, os períodos de estadias – também chamados "de prancha" –, para carga e descarga são habitualmente fixadas pelas partes na carta-partida. No entanto, na falta de convenção específica, a lei portuguesa prevê uma norma supletiva, determinando que compete ao fretador fixar as estadias segundo critérios de razoabilidade, tendo em conta as circunstâncias do caso e os usos do porto (art.º 12.º, n.º 1, do D.L. 191/87, de 29 de Abril).

Tomando em consideração a especial susceptibilidade litigiosa que a determinação dos períodos de estadias apresenta, temos algumas dúvidas sobre a real operacionalidade do critério propugnado pelo legislador português. Não está em causa um eventual desajustamento axiológico, mas apenas a real relevância e eficácia deste critério no momento da negociação das condições da carta-partida e, sobretudo, a sua efectiva susceptibilidade de fomentar a paz social, fim último de todo o Direito. Da leitura do preâmbulo do D.L. n.º 191/87, de 29 de Abril, resulta claro que o próprio legislador não foi insensível às dificuldades que este ponto apresenta, tendo optado pela solução que se lhe afigurou mais praticável, consagrada no art.º 12.º, n.º 1, por influência do Código de Direito Marítimo Privado grego de 1958[57][58].

Como vimos, a determinação dos períodos de estadias constitui habitualmente um ponto de tensão entre fretadores e afretadores. Compreende-se que, na falta de acordo, a lei tenha querido entregar a definição a quem, na relação jurídica de fretamento, em abstracto, melhor

[57] Lei n.º 3816, de 26/28.2.1958.

[58] Também em França esta solução havia sido adoptada pelo art. 10.º do Decreto n.º 66-1078, de 31 de Dezembro de 1966.

conhece o mercado e os usos dos portos, isto é, ao fretador. Também pela atribuição desta vantagem ao explorador do navio se pode vislumbrar aqui um evidente indício de favorecimento do comércio.

Porém, a solução legal acaba por ser susceptível de conduzir à definição de períodos de estadias muito curtos, por vezes insuficientes para as operações de carga e descarga, o que levará o afretador a ter de suportar o suplemento de frete inerente às sobrestadias ou, mais provavelmente – dado o elevado valor diário do suplemento de frete, que facilmente poderá ultrapassar os milhares de euros ou dólares – a contestá-lo nas instâncias judiciais ou arbitrais, com o consequente incremento da litigiosidade.

Aceita-se que o problema não é de fácil resolução. Afigura-se, porém, que neste ponto o legislador não terá ido tão longe como poderia, nomeadamente, e pelo menos, fornecendo pistas ou balizas para a compreensão da razoabilidade pretendida. A título meramente exemplificativo, poder-se-ia admitir como vantajosa, nesta situação, por cercear alguma potencial arbitrariedade, a adopção de uma concreta fórmula de cálculo do período de estadias[59]. Contudo, haverá que reconhecer que sendo este mercado muito dinâmico e competitivo, onde a vinculação a soluções resultantes da prática comercial antecede normalmente a criação de normas jurídicas positivas, dificilmente as regras legais – ainda para mais com carácter supletivo – poderiam suplantar tais práticas sempre e quando se apresentassem contrária ou distintas destas. Resta, por isso, a expectativa de que o funcionamento regular do mercado do fretamento de navios possa constituir um factor de ajustamento das necessidades de transportadores e carregadores e de razoabilidade na definição das cláusulas mais sensíveis. Se assim for, as próprias partes poderão e deverão encontrar as soluções contratuais que melhor sirvam os seus interesses, evitando a imposição de cláusulas desadequadas ou mesmo abusivas. Sem prejuízo, não deixaremos de nos referir infra [§ 2] aos possíveis critérios de determinação da razoabilidade de tais prazos.

Na economia deste trabalho, importa, antes de mais, definir quando começa o período de estadia do navio. A relevância desta questão é central para o problema que abordamos, já que, essencialmente, se visa aqui determinar quando ocorre o termo inicial do período de carga ou descarga, ou seja, quando começa o relógio a contar.

[59] Cfr. *infra*, § 2.º.

O art.º 12.º, n.º 4, do D.L. n.º 191/87, de 29 de Abril, estabelece que a contagem das estadias se inicia no primeiro período de trabalho normal que se siga à entrega ao afretador do aviso de navio pronto, desde que este aviso tenha sido entregue até ao termo do período de trabalho normal antecedente.

É possível descortinar no critério legal um conceito nuclear, o aviso de navio pronto, que o legislador não definiu, antes tendo remetido a sua definição prática para os usos do porto (art.º 12.º, n.º 6).

Nem sempre seria fácil, porém, aceder ou conhecer estes usos dos portos. Todavia, com o advento da informatização, vem sendo mais simples chegar ao seu conhecimento, dado que estes usos se encontram normalmente plasmados em documentos devidamente publicitados de natureza regulamentar dos portos ou dos próprios terminais portuários. Podemos encontrar um exemplo desses usos, já vertido em escrito, no art.º 12.º do Regulamento de Exploração do Terminal de Granéis Líquidos (Sapec-Mitrena) do Porto de Setúbal[60].

Porém, o n.º 6 do art.º 12.º do D.L. n.º 191/87, de 29 de Abril, também tem caráter supletivo. As mais das vezes, o envio do aviso de navio pronto (N.O.R. ou *Notice of Readiness*) encontra-se sujeito às estipulações convencionadas pelas partes na carta-partida.

Mesmo sujeitando o regime do envio da N.O.R. à vontade das partes, podemos, no entanto, com base nos usos da actividade, assentar, em linhas gerais, no seguinte: "*para que a contagem seja iniciada, o navio tem de estar no porto e local indicados na carta-partida ou tão próximo quanto lhe permitirem as condições de segurança ("so near as she may safely get") e preparado sob todos os aspectos para iniciar as operações de carregamento e/ou descarga, ou seja, em*

[60] Disponível em http://www.portodesetubal.pt/files/TGL.pdf, aí rezando o seguinte:

"*Artigo 12.º*

(Aviso de navio pronto)

O aviso por escrito, de navio pronto ou NOR (Notice of Readiness), deverá ser entregue à Concessionária, durante as horas normais de expediente, que o aceitará nas seguintes condições:

a) *Possuir livre prática;*

b) *Ter certificado de aceitação de porões passado por organismo de peritagem de navios;*

c) *Sempre que exigido pela Capitania do Porto, ter certificado, passado por entidade independente, de peritagem de cargas, comprovando a segurança da carga ou descarga, ou recomendando as preocupações específicas a tomar.*"

situação de "cargoworthiness". Reunidas estas condições, considera-se o navio como um arrived ship devendo o capitão enviar ao afretador o aviso de "navio pronto" ("notice of readiness")"[61][62].

Para que se possa, então, considerar validamente iniciada a contagem dos prazos de carregamento e descarga, é necessário, antes de mais, analisar os termos da carta-partida e constatar qual o local de descarga aí indicado pelo afretador. O local pode ser um porto [*port charter party*], uma doca, cais ou um ancoradouro específico [*berth charter party*]. Refira-se que este não é um pormenor de somenos importância, já que, para efeitos do contrato de fretamento, se for feita a indicação de uma doca, cais ou ancoradouro específico na carta-partida, ainda que o navio se encontre no porto onde aqueles se situem, não se considerará, mesmo assim, como estando no local indicado até atingir a doca, cais ou ancoradouro designado.

Já quando a carta-partida define como local de destino da viagem um porto, em que momento se considera o navio chegado ao mesmo?

Para além da relevância teórica, a resposta a esta questão é também de suma importância prática, sobretudo nas situações em que, ao chegar ao porto de destino, o navio fretado não encontre um cais ou embarcadouro disponível. Poder-se-á considerar o navio como chegado ao porto mesmo nessas circunstâncias? Vejamos.

Vasconcelos Esteves[63], citando J. Bes, refere que "*o termo porto designa uma zona do porto onde são geralmente efectuadas as operações de carregamento e descarga e onde os navios costumam esperar a sua vez para atracar ao cais a fim de carregar ou descarregar*". Contudo, conclui que "*não é fácil responder a esta questão e a jurisprudência não é unânime. O nosso legislador entendeu, e bem, remeter a solução para os usos do porto (n.º 6 do artigo 12.º)*".

Temos, portanto, aqui uma das situações de relevância jurídica dos usos prevista no art.º 3.º, n.º 1, do Código Civil. Estes "usos do porto" darão, à partida, solução ao problema colocado.

[61] Vasconcelos Esteves, *ob. cit.*, 317.

[62] O aviso de navio pronto (N.O.R.) não se confunde com o pré-aviso de chegada ou ETA (*Expected Time of Arrival*), que se limita a ter um caráter informativo, destinando-se a indicar ao afretador a data provável de chegada do navio. A *ETA* não despoleta o início do período de estadia (Delebecque, *Droit Maritime*, § 657, Nota 1171).

[63] *Ob. cit.*, 317.

Admite-se que a remissão legal para os usos possa ter o inconveniente de dispersar e diversificar o regime jurídico, multiplicando as respostas à questão em apreço (admitindo-se, no limite, uma resposta por cada porto), dada a autonomia de cada administração portuária, porém, concede-se que tal seja preferível à construção de uma norma de carácter geral que se mostre de difícil aplicação a todos os portos nacionais.

Não obstante, importa tentar alcançar, na medida do possível, um critério geral que permita definir a legitimidade para a entrega do aviso de navio pronto.

Nesta perspetiva, dada a riqueza da experiência adquirida em resultado de décadas de debate, parece interessante recolher na *common law* alguns subsídios para a construção dogmática da resposta à questão, a qual, adiante-se, não é ali, ainda assim, totalmente pacífica. Vem-se, no entanto, entendendo maioritariamente que o navio se considera chegado ao porto quando ele atinge uma posição, desde que dentro da área do próprio porto, e ainda que não tenha um cais disponível, em que possa considerar-se estar à disposição imediata e efectiva do afretador.

Esta resposta é, todavia, complexa e obriga a compreender melhor dois aspectos atinentes aos seus elementos constitutivos: (i) o que deverá considerar-se por área do porto; e (ii) o que é a disponibilidade imediata e efectiva do navio pelo afretador.

No tocante ao primeiro, a área do porto relevante para o efeito da questão de que tratamos é a definida pelos limites geográficos e legais deste. Se, desde logo, a lei definir estes limites, serão estes os relevantes; se o não fizer, deverá tomar-se em conta o critério da delimitação geográfica dos poderes da autoridade portuária.

Relativamente ao segundo elemento, o navio estará à disposição imediata e efectiva do afretador quando estiver ancorado num local que lhe permita dirigir-se rapidamente para um cais ou embarcadouro do porto de destino quando for informado de que um se encontra disponível. Na *common law*, presume-se estar à disposição imediata e efectiva do afretador o navio que se encontre ancorado em local onde as embarcações habitualmente aguardem que um cais ou embarcadouro fiquem disponíveis no porto de destino[64]. Diga-se, a propósito, que entre nós são vários os

[64] Wilson, *ob. cit.*, 54; Donald Davies, *Commencement of Laytime*, 4th edition, Informa Law, 39.

exemplos presentes em instrumentos regulamentares administrativos onde se encontram definidos os locais no exterior e no interior dos portos destinados a fundeadouro.

Parece-nos, pois, que este critério é adaptável à nossa realidade (dada a internacionalização inerente ao transporte marítimo de mercadorias, a tendencial uniformização das legislações nacionais e dos procedimentos práticos de cada porto são cada vez mais evidentes), podendo servir de base à compreensão do que deve entender-se por navio pronto.

Parece-nos, pois, que este critério é adaptável à nossa realidade (dada a internacionalização inerente ao transporte marítimo de mercadorias, a tendencial uniformização das legislações nacionais e dos procedimentos práticos de cada porto são cada vez mais evidentes), podendo servir de base à compreensão do que deve entender-se por navio pronto.

Resulta, portanto, do exposto que o conceito de "*navio pronto*" é central na problemática inerente ao início da contagem do tempo de estadia ou de prancha. Na falta de convenção das partes, poderá então concluir-se que os riscos de demora na viagem contratada correrão sempre pelo fretador, como, nas mesmas circunstâncias, correrá o risco de congestionamento do porto, cais ou ancoradouro de destino, ou melhor, da impossibilidade de o navio fretado aí aceder e atracar. Todavia, são já raros, hoje em dia, os casos em que um fretamento não esteja formalizado através de um dos vários contratos-tipo existentes no mercado, que habitualmente definem o início do *laytime*.

Não podemos, no entanto, deixar de salientar que a lei portuguesa prevê a hipótese de o navio fretado se ver afectado por impedimento prolongado, superior a cinco dias, na entrada no porto de descarga ou de aí não conseguir desenvolver as suas operações comerciais, por facto não imputável ao fretador. Neste caso, o art.º 17.º, n.º 2, do D.L. n.º 191/87, de 29 de Abril, permite que o fretador possa desviar o navio para um porto próximo ao inicialmente indicado como destino, que ofereça condições idênticas e efetuar aí a descarga, com o que se considera cumprido o contrato.

Mostrando-se validamente emitida a N.O.R. (ou aviso de navio pronto), inicia-se, então, o período de prancha, destinado à carga ou descarga da mercadoria a transportar.

Já vimos que, na falta de convenção das partes, o legislador oferece, no art.º 12.º, n.º 1, do D.L. n.º 191/87, de 29 de Abril, um critério supletivo para a determinação do período das estadias, mediante o recurso às circunstâncias do caso e aos usos do porto.

Frequentemente, porém, o período de duração das estadias é definido mediante a utilização de algumas fórmulas de uso corrente no mercado dos transportes marítimos[65]. Habitualmente, estas fórmulas dividem-se entre as que definem prévia e concretamente o tempo das estadias, seja por referência a unidades de tempo (por fixação de dias ou horas[66], por cálculo de tempo[67], por total de horas[68]) ou a quantidades de mercadoria carregada ou descarregada por dia (por escotilha de carga manejável por dia[69]) e as que não definem esse tempo (CQD/COP[70] e TMS[71]), sendo estas últimas, no entanto, de uso muito residual.

§ 2.º Sobrestadias

Se o navio for retido nas operações de carga ou descarga por um período de tempo superior ao convencionado para o efeito, considera-se

[65] SCHOFIELD, *ob. cit.*, 11 e 38-42, 52-57; WILSON, *ob. cit.*, 72-73; COOKE (and seven others), *ob. cit.*, 379-380; BAUGHEN, *ob. cit.*, 223-224; ERWIN DE ZWARTE, *A Layman's Guide to Laytime*, Arklow, Co., 2007, 24-26, 59-65; YVONNE BAATZ, *ob. cit.*, 170-171.

[66] Estipula um número concreto de horas para a carga ou para a descarga.

[67] Estipula um determinado número de toneladas de mercadoria carregada ou descarregada por dia.

[68] Estipula um número concreto de horas para a totalidade das operações de carga e de descarga, sem discriminação.

[69] Estipula um determinado número de toneladas por cada escotilha de carga (ou de porão) do navio suscetível de permitir através da mesma as operações de carga ou descarga. Calcula-se dividindo a quantidade de carga pelo produto da multiplicação da quantidade diária de mercadoria (carregada ou descarregada) acordada pelo número de escotilhas de carga [www.bimco.org/Chartering/Clauses_and_Documents/Clauses/Laytime_Definitions_for_Charter_Parties_2013.aspx].

[70] *Costumary Quick Despatch/Custom of Port.* O tempo destinado às operações de carga e descarga será o que os serviços portuários habitualmente empregam, utilizando uma rapidez medianamente elevada, tendo em conta os concretos tipos de carga e de navio.

[71] *Taxi Meter System*, assim chamado por replicar o sistema de taxímetro na contagem de tempo despendido pelo navio nos portos de carga e descarga. O afretador/carregador pagará um valor correspondente ao tempo de permanência do navio em porto, com um montante diário pré-definido, habitualmente distinto e mais elevado do que valor diário do frete.

que entra em sobrestadia. Neste caso, de acordo com o disposto no art.º 13.º, n.º 1, do D.L. n.º 191/87, de 29 de Abril, o fretador terá direito a um suplemento do frete proporcional ao tempo excedente.

Em Portugal, o legislador optou pelo entendimento dogmático da sobrestadia como um suplemento do frete, retirando-lhe a carga indemnizatória. Refere-se expressamente no preâmbulo do D.L. n.º 191/87, de 29 de Abril – que pela sua riqueza doutrinal não resistimos a citar – que "*(...) realmente, a ultrapassagem do tempo de estadia ou de prancha (laytime), se corresponderá a uma demora, não deverá ser entendida como uma situação de mora por parte do afretador. Diverge-se, pois, da teoria indemnizatória e dos seus implícitos corolários. É que, apuradas bem as coisas, a sobrestadia não integrará a violação de um dever contratual, mas o normal exercício de um direito do afretador; só que, obviamente, o fretador deverá ser compensado do sacrifício económico que daí lhe advém. (...) A transição do tempo de estadia para a fase da sobrestadia não significa uma mudança qualitativa; um salto de um período de cumprimento para outro de incumprimento. O que se processa é a transição de uma prestação fixa predeterminada (frete) do afretador para uma prestação variável (suplemento do frete)*".

É também este o entendimento da doutrina e jurisprudência francesas (entendimento vertido na lei de 1966 que, como se sabe, esteve na origem da maior parte das soluções vertidas na lei portuguesa relativa ao fretamento). "*La jurisprudence française (et américaine) n'a pas analysé ainsi* (como uma indemnização) *les surestaries. Considérant que le terme désigne tout aussi bien le temps supplémentaire employé par l'affréteur que l'indemnité afférente à ce temps, elle a consideré que l'indemnité est em réalité un supplément de fret. Cette solution est exacte: les surestaries sont un élément de l'économie du contrat comme l'est le fret*"[72].

Não é este, porém, o entendimento da doutrina e jurisprudência britânicas[73][74]. Aí, a sobrestadia [*demurrage*] é considerada um incumprimento do contrato, ainda que de natureza especial. Se o afretador se comprometeu a carregar ou descarregar o navio dentro de um determinado período

[72] Delebecque, *Droit Maritime*, § 660.

[73] Wilson, *ob. cit.*, 72-78; Baatz, *ob. cit.*, 171-173.

[74] Para uma resenha, embora datada, dos diversos posicionamentos legislativos nacionais acerca desta matéria, veja-se *Charter Parties, A Comparative Analysis, Report by the UNCTAD Secretariat, Cit.*, 69-70.

de tempo, a inobservância do mesmo constitui-o em responsabilidade contratual.

A posição do legislador português vai no sentido de assegurar a estabilidade do contrato através do necessário alargamento do âmbito de direitos e deveres das partes. Neste prisma, a sobrestadia apresenta-se como um mecanismo destinado a salvaguardar a efectiva satisfação dos interesses económicos das partes, fim último do contrato, mormente permitindo que o afretador proceda à carga ou descarga das mercadorias ainda que com inobservância relativamente ao prazo convencionado. A lei atribui assim ao afretador, e para essa finalidade, o direito a reter o navio fretado para além do período da estadia. Correspectivamente, o fretador fica obrigado a não retirar o navio da esfera de disponibilidade do afretador, ficando com o direito a receber deste o suplemento do frete.

Parece-nos que uma e outra das concepções dogmáticas asseguram de forma eficaz o interesse do fretador no que respeita especificamente ao aspecto económico do próprio contrato, quer através do suplemento de frete quer através de uma prestação indemnizatória. De igual forma, ambas salvaguardam o interesse específico do afretador de ver as suas mercadorias carregadas ou descarregadas ainda que ocorra um atraso em qualquer uma destas operações. Mais delicado nos parece, porém, o enquadramento das sobrestadias excessivas e a possibilidade de resolução do contrato pelo fretador por esse motivo.

Na *common law*, a *demurrage* constitui um incumprimento contratual de natureza especial, pois, como dissemos, durante o período de duração daquela, o fretador não poderá resolver o contrato nem retirar o navio fretado da disponibilidade do afretador (tal como, de resto, na ordem jurídica portuguesa). Por outro lado, a indemnização habitualmente convencionada na carta-partida, também chamada de *demurrage*, é devida independentemente da prova da existência de danos (correspondendo, nesta medida, a uma espécie de cláusula penal). Se não houver fixação prévia de *demurrage*, ainda assim o fretador poderá reclamar o pagamento de uma indemnização pela retenção do navio para além dos dias convencionados de estadia, tendo, no entanto, neste caso de provar os danos correspondentes à indemnização reclamada [*detention for damages*]. Mais importante, findo o período estipulado na carta-partida (quando tal estipulação exista) para as sobrestadias sem que o navio se mostre carregado ou descarregado, conforme o caso, assistirá ao fretador o direito de resolver o contrato e de retirar o seu navio da esfera de disponibilidade do afretador, ficando com a liberdade de o afectar a outro contrato.

Não é assim tão simples no nosso ordenamento jurídico.

Como já referido, o legislador português considera a sobrestadia, não como uma situação de mora ou incumprimento contratual, mas como "*(...) o normal exercício de um direito do afretador*", afastando o preâmbulo do D.L. 191/87, de 29 de Abril, a teoria indemnizatória e os seus implícitos corolários. Não obstante, naquilo que poderá ser um *lapsus linguae* ou um "ato falhado", no mesmo diploma em que assume tal posição [art.º 6.º, n.º 1, al. f)], o legislador estipula que, entre os elementos que a carta-partida deverá conter, se conta a previsão da "*indemnização convencionada em caso de estadia*". Ora, se as sobrestadias não configuram qualquer inadimplemento, não fará sentido, juridicamente, falar em indemnização. Aliás, mais à frente no referido diploma, mormente no art.º 13.º, n.º 1, o legislador retoma a terminologia "*suplemento de frete*".

Na verdade, a qualificação como suplemento de frete do valor correspondente aos períodos de sobrestadia permite, à luz da lei portuguesa, um conjunto de consequências que a qualificação como indemnização não permitiria. Falamos, por exemplo, do direito de retenção de que o frete (incluindo o suplemento de frete) beneficia sobre a carga do navio (art.º 21.º, n.º 1, do D.L. n.º 191/87); falamos também das dívidas que têm privilégio sobre o frete – que inclui, naturalmente, o suplemento (art.º 582.º do Código Comercial).

Mas a verdade é que, com a solução adoptada no D.L. n.º 191/87, o legislador alargou as fronteiras do cumprimento contratual e tornou-as mais vagas e ténues, nomeadamente no que respeita à questão dos prazos de cumprimento por parte do afretador. A intenção confessa da lei é de a sobrestadia não constituir um período qualitativamente distinto da estadia. A diferença entre ambos os períodos radica na distinta natureza da retribuição devida ao fretador: fixa durante o tempo de prancha e variável durante o tempo de sobrestadia.

Compreende-se a intenção do legislador. A lei visa salvaguardar o integral cumprimento do contrato, isto é, a satisfação do interesse económico do afretador – no fundo, o motor da actividade de transporte marítimo subjacente à relação de fretamento – sem prejudicar excessivamente a posição económica do fretador. Propugna-se a construção de um cenário que permita ao afretador efetuar as operações de carga e descarga do navio, concluindo a fase de transporte marítimo da mercadoria, à custa de algum sacrifício do direito do fretador de dispor da sua embarcação [*retentive function*], não sem uma retribuição justa. Mais uma vez, numa situação de conflito de interesses, a lei opta pelo favorecimento do comércio.

Porém, o sacrifício do direito do fretador só parece ser admissível até um certo ponto temporal, sob pena de podermos cair no excesso. Dizendo de outra forma, até quando poderá o afretador exercer esse seu normal direito de reter o navio fretado?

O problema parece poder resolver-se sem grandes empecilhos sempre que o contrato de fretamento preveja períodos concretos (por exemplo, em dias, horas ou tonelagem de carga) de estadias e sobrestadias. Excedidos os períodos convencionados para as estadias e para as sobrestadias, o afretador entrará em mora (salvo se, na carta-partida, se estipular a essencialidade do prazo, situação em que se verificará desde logo o incumprimento).

Menos clara se afigura a solução quando a carta-partida nada dispuser acerca das sobrestadias. Neste caso, esgotado o tempo das estadias (seja por definição concreta na carta-partida seja pelo recurso a critérios de razoabilidade), ficamos perante um outro período, que não é de mora ou incumprimento, sublinhe-se, e cuja duração não se encontra também ela definida.

Convém referir que a passagem para o período de sobrestadia ocorre automaticamente, sem necessidade de qualquer acto do fretador, logo que decorra integralmente o período de *laytime* convencionado ou definido mediante os critérios supletivos de razoabilidade previstos na lei. Esta, porém, não dá resposta à questão de saber quando pode o fretador constituir o afretador em mora quanto à sua obrigação de efectuar as operações de descarga do navio.

Na *common law* o início da sobrestadia marca o surgimento da mora do afretador, havendo, portanto, um termo inicial concreto e definido para o período moratório que culminará ou com a conclusão das operações de carga ou descarga ou com o incumprimento definitivo do contrato por parte do afretador, que justifica a sua resolução. Em virtude das suas particularidades dogmáticas, no nosso ordenamento é necessário descortinar dentro do período de sobrestadia o início da mora do afretador. E isto, na prática, poderá revelar-se uma tarefa difícil.

Na falta de qualquer marco temporal que possa servir de orientação, e na medida em que, como refere o preâmbulo do D.L. n.º 191/87, de 29 de Abril, não há uma mudança qualitativa na passagem do período de estadia para o de sobrestadia, estando em causa, substancialmente, duas fases de um mesmo período, cremos que o critério nuclear na matéria da determinação do início da mora do afretador apenas poderá ser, novamente, o da razoabilidade, tendo em conta as circunstâncias do caso e os usos do porto. Mesmo assim, não será simples, com um critério tão vago, atingir o objectivo concreto pretendido. Porém, parece-nos haver sempre a possibilidade de recortar o território fatual de aplicação do critério, expondo situações cuja falta de razoabilidade seja patente, ou seja, definir pela negativa o aludido critério. Nesta medida, cremos poder afirmar, em tese geral, não ser razoável – sem prejuízo da ponderação das circunstâncias concretas do caso – que o período da sobrestadia se estenda por tempo superior ao da estadia. Isto, no entanto, não exclui que, em determinadas circunstâncias, um concreto período de sobrestadia, ainda que inferior ao da estadia, não se possa revelar também irrazoável.

Refira-se, por fim, que apesar de a determinação concreta do período das sobrestadias poder ser efetuada com o recurso ao mesmo critério legal da definição do tempo das estadias, a contagem de um e de outro desses períodos não é feita de forma igual. Na prática do *shipping*, a contagem dos prazos das sobrestadias tem especialidades próprias que a distinguem da contagem das estadias, nomeadamente no que tange à quase inexistência de causas de suspensão do prazo, que encontra reflexo no adágio anglo-saxónico: "*once on demurrage, always on demurrage*". René Rodière[75] explica que a sobrestadia representa uma imobilização indevida do navio, que poderia sempre navegar nos dias feriados e de inactividade portuária. A sua retenção pelo afretador por prazo superior ao convencionado ou razoável é susceptível de causar um prejuízo ao fretador, que terá de ser compensado[76]. Será este o motivo pelo qual o legislador nacional, na esteira da lição de Rodière, apenas previu para a contagem do período de estadias a exclusão dos dias em que, por interrupção legal da actividade portuária ou por quaisquer outros factos objectivamente relevantes, as

[75] *Ob. cit.*, 301.

[76] Entre nós, no mesmo sentido, Luís de Lima Pinheiro, *O Porto no Fretamento à Viagem*, R.O.A., Ano 75, III-IV, Jul./Dez. 2015, 570.

operações de carregamento e de descarga não se possam realizar (art.º 12.º, n.º 3, do D.L. n.º 191/87, de 29 de Abril), omitindo essa mesma exclusão para os períodos de sobrestadia, previstos no art.º 13.º (com a epígrafe "sobrestadias e subestadias"), dizendo-se aí, com relevância para o tema, apenas que o suplemento de frete é proporcional ao tempo excedente (nada se dizendo quanto a quaisquer exclusões de prazo).

§ 3.º Subestadias

Referimo-nos no ponto anterior às situações em que o tempo de prancha é excedido pelo afretador. Existem também, todavia, as situações opostas, e bem menos comuns, chamadas de subestadia, em que o tempo de prancha não é utilizado inteiramente.

Inversamente ao sucedido no caso das sobrestadias, quando ocorre uma situação de subestadia, o afretador tem direito a um prémio proporcional ao tempo não gasto, correspondente a metade da taxa de sobrestadia [art.º 13.º, n.ºs 2 e 3, do D.L. n.º 191/87, de 29 de Abril]. É que, nestes casos, o fretador fica livre para afectar o seu navio a um novo contrato, possibilitando-lhe a sua rentabilização antecipada.

À luz do ordenamento jurídico português, estamos perante uma disposição legal supletiva, que poderá ser afastada por convenção das partes. No entanto, tal como relativamente a outros aspectos do contrato de fretamento, por regra, este também se encontra especificamente regulado na maior parte dos contratos-tipo mais usados no mercado.

2.1.4. Questões de responsabilidade

Nos contratos de fretamento, em qualquer uma das suas modalidades, a responsabilidade civil é regulável por acordo das partes, desde que as estipulações não contendam com disposições legais imperativas[77]. Como já referido supra[78], esta circunstância distingue e afasta o fretamento do contrato de transporte marítimo de mercadorias, cujas normas sobre

[77] MÁRIO RAPOSO, *Fretamento e Transporte Marítimo. Algumas Questões, loc. cit.*, 320.

[78] 2.3.

responsabilidade têm carácter imperativo à luz da Convenção de Bruxelas de 1924 ("*Regras de Haia*") e, no direito interno, do D.L. n.º 352/86, de 21 de Outubro (art.º 2.º).

De sublinhar ainda que, na disciplina do contrato de fretamento, o fretador não assume qualquer obrigação relativa à carga. Como expressamente afirma o preâmbulo do aludido D.L. n.º 352/86, "*o fretador não assume qualquer obrigação directa em relação às mercadorias transportadas, não sendo, pois, automaticamente responsável pela sua perda ou avaria, havendo que demonstrar que procedeu com culpa. (...)* No caso vertente, *o fretamento por viagem tem a ver, como o transporte, com a deslocação de uma carga de um local para o outro. O que acontece é que a prestação nuclear do fretador consiste em fornecer um navio em bom estado de navegabilidade, cuja gestão náutica lhe continua a pertencer*".

Assim, na eventualidade de perda ou avaria da mercadoria transportada durante uma expedição marítima efectuada sob um contrato de fretamento por viagem, ao afretador cabe, além do mais, o ónus de provar o dano e a culpa do fretador. Este, por seu turno, e tendo em conta que nenhuma obrigação de resultado tem relativamente à carga, liberta-se da responsabilidade se demonstrar que cumpriu o dever de diligência que, no caso, sobre si impendia.

Desde que convencionadas na carta-partida, o fretador poderá também prevalecer-se de outras cláusulas de exclusão ou limitação da responsabilidade para além das previstas no art.º 4.º, n.º 2.º, da Convenção de Bruxelas de 1924 ("*Regras de Haia*"), já que o regime desta convenção não é aplicável ao transporte de mercadorias efectuado ao abrigo de uma carta-partida [art.º 1.º, al. b)][79]. Assim, a título de exemplo, como nos dá notícia MÁRIO RAPOSO[80], as "*negligence clauses*" respeitantes às faltas comerciais do capitão ou da sua equipagem, que sempre seriam nulas à luz da Convenção de Bruxelas de 1924, são invocáveis pelo fretador perante o afretador.

Celebrado o contrato de fretamento por viagem, poderão as partes estipular na carta-partida que o fretador deva emitir e entregar ao

[79] A não ser nos casos ressalvados na norma citada de um conhecimento ou documento similar emitido em virtude de uma carta-partida, desde o momento em que este título regule as relações do armador e do portador do conhecimento.

[80] *Fretamento e Transporte Marítimo. Algumas Questões*, loc. cit., 320.

afretador um (ou mais do que um) conhecimento relativo à carga a transportar. Sublinhe-se que esta emissão não é obrigatória à luz da lei, apenas podendo ser exigida pelo afretador por via convencional[81]. Ora, actualmente, o conhecimento de carga pode ser emitido nominalmente, à ordem ou ao portador, pelo transportador ou por um seu representante, podendo circular, enquanto título negociável[82], segundo as regras gerais dos títulos de crédito. Apresenta basicamente três funções: (i) recibo das mercadorias entregues ao transportador; (ii) representação das mesmas mercadorias; e (iii) prova do contrato de transporte[83].

Num fretamento por viagem, enquanto o conhecimento emitido pelo fretador se mantiver nas mãos do afretador, a situação é regulada entre as partes pelas disposições da carta-partida. Todavia, se o conhecimento tiver ingressado em circulação no comércio jurídico, as regras da carta-partida continuarão a regular a relação entre o fretador e o afretador. No entanto, relativamente aos terceiros portadores do conhecimento, o fretador transforma-se em transportador aparente, sendo aplicáveis a esta relação jurídica as disposições da Convenção de Bruxelas de 1924, por força do disposto no art.º 1.º, al. b), parte final, da mesma[84-85].

Nesta última situação, se as partes no contrato de fretamento quiserem estender ao terceiro portador do conhecimento as disposições da carta-partida, vinculando-o (embora sempre com o limite balizado pela normatividade imperativa da Convenção de Bruxelas de 1924), deverão fazer constar as mesmas daquele documento de transporte. É, no entanto, duvidoso se esta referência deverá corresponder necessariamente ao clausulado integral da carta-partida[86] ou se bastará uma mera mas

[81] Mário Raposo, *O Novo Direito Comercial Marítimo Português*, loc. cit., 242.

[82] Embora venham a ser também utilizados no comércio marítimo internacional documentos não negociáveis, designados por "*straight bills of lading*" ou "*waybills*" [Wilson, *ob. cit.*, 132].

[83] Nuno Manuel Castello-Branco Bastos, *ob. cit.*, 234.

[84] Mário Raposo, *O Novo Direito Comercial Marítimo Português*, loc. cit., 242; Philippe Delebecque, *Droit Maritime*, § 691.

[85] Mesmo que tal relação seja regida pelo direito interno, atentas as normas constantes dos art.ºs 1.º do D.L. n.º 37 748 de 1 de Fevereiro de 1950, e do art.º 2.º do D.L. n.º 352/86, de 21 de Outubro.

[86] Como defende Mário Raposo (*O Novo Direito Comercial Marítimo Português*, loc. cit., 242), estribado em jurisprudência francesa.

inequívoca referência às cláusulas desta[87]. Certo é que, sem o clausulado ou a referência à carta-partida, conforme o entendimento que se perfilhe, as disposições desta não serão oponíveis ao terceiro portador do conhecimento (conforme decorre, para o direito interno, do disposto no art.º 29.º, al. b), do D.L. n.º 352/86, de 21 de Outubro).

Apesar de, no fretamento por viagem, a gestão náutica e comercial caber ao fretador, deve ser o afretador a emitir os conhecimentos de carga respeitantes aos contratos de transporte que celebre com terceiros[88] (arts. 8.º, n.º 5, e 10.º, n.º 1, do D.L. n.º 352/86, de 21 de Outubro). Relativamente aos terceiros carregadores, o fretador não terá nenhuma relação contratual directa, sem prejuízo do direito de retenção sobre as mercadorias transportadas para garantia dos créditos emergentes do fretamento (art.º 21.º, n.º 1, do D.L. n.º 191/87, de 29 de Abril).

Em matéria de responsabilidade aquiliana, o fretador, enquanto responsável pela gestão náutica e comercial, é o responsável perante terceiros pelos danos causados pelo navio, designadamente pelos actos e omissões do capitão, da tripulação, dos pilotos ou práticos tomados a bordo ou de quaisquer outras pessoas ao serviço do navio (arts. 1.º, als. b) e c), 2.º, 4.º e 5.º do D.L. n.º 202/98, de 10 de Julho, e 5.º, n.º 1, do D.L. n.º 384/99, de 23 de Setembro).

2.2. *Fretamento a tempo*

No contrato de fretamento a tempo, diz o art.º 22.º do D.L. n.º 191/87, de 29 de Abril, o fretador obriga-se a pôr à disposição do afretador um navio, para que este o utilize durante um certo período de tempo.

É notória a diferença desta modalidade do contrato de fretamento com a anteriormente abordada. Desde logo, ao nível do critério determinante

[87] François Arradon, *Vues sur Mer: Charte-partie et Connaissement*, Gazette de la Chambre (Arbitrale Maritime de Paris), nº 2 – Automne 2003, disponível em www.arbitrage-maritime.org., considera que, nestes casos, a interpretação dos termos e referências constantes dos conhecimentos deverá ser feita em função de um conjunto de factores, tais como as circunstâncias precisas da viagem, os usos do comércio internacional, a personalidade dos contratantes (quer da carta-partida quer do contrato de transporte) e, sobretudo, da própria redacção dos conhecimentos.

[88] Mário Raposo, *O Novo Direito Comercial Marítimo Português*, loc. cit., 240-241.

da utilização do navio, e da correspondente retribuição, é facilmente perceptível que o critério de índole geográfica da(s) viagem(s) do fretamento por viagem deu lugar aqui a um critério de índole temporal. Nesta modalidade, o afretador utiliza o navio durante um período de tempo definido na carta-partida (art.º 23.º, al. a), do D.L. n.º 191/87, de 29 de Abril).

Também o critério finalístico da utilização do navio para o transporte de mercadorias determinadas não se verifica nesta modalidade. No fretamento a tempo, o afretador poderá utilizar o navio para qualquer fim lícito, v.g., para passeios turísticos, investigação oceanográfica, colocação de cabos submarinos, etc. Essencial é que a finalidade visada implique a *afectação marítima* do navio, como se refere no ponto 3 do preâmbulo do D.L. n.º 191/87, de 29 de Abril. Sem prejuízo, a utilização do navio não é absoluta e arbitrária, já que, como se verá, a lei admite de forma expressa dois tipos de restrições convencionais: i) quanto à proibição de transporte de certas mercadorias; e ii) quanto à área geográfica dentro da qual o navio pode navegar [infra, 2.2.2., §2 e §3].

Como já referido supra [2.], no fretamento a tempo, cabe ao fretador a gestão náutica e ao afretador a gestão comercial.

2.2.1. Obrigações do fretador:

§ 1.º Obrigação de apresentação e manutenção de um navio em estado de navegabilidade

Nesta modalidade do contrato de fretamento, a obrigação nuclear do fretador consiste na disponibilização ao afretador, no tempo e local convencionados, de um navio em bom estado de navegabilidade para que este último o utilize durante um determinado período de tempo num determinado espaço geográfico.

À semelhança do que sucede no fretamento por viagem [cfr. supra, 2.1.1., § 1.º], também aqui se mostra essencial à boa execução do contrato que o navio se apresente armado, equipado e dotado de uma tripulação apta e capaz, em bom estado de conservação e apto a enfrentar os perigos de uma expedição marítima. De igual forma, recai sobre o fretador a obrigação de manter o navio em estado de navegabilidade durante todo o período de duração do contrato. Porém, embora em qualquer das modalidades a carta-partida deva indicar o navio objecto do contrato, designadamente através do nome, nacionalidade e tonelagem (art.º 6.º, n.º 1, al. a), do D.L. n.º 191/87, de 29 de Abril), no fretamento a tempo, a indicação concreta daquele afigura-se de particular relevância, tendo em conta que as características deste são elemento essencial para a(s) expedição(ões) marítima(s) visadas pelo afretador. Com efeito, é usual a celebração do contrato por parte do afretador com um escopo lucrativo, designadamente traduzido na exploração económica do navio. Daí que seja comum que o afretador a tempo assuma a posição de fretador ou de transportador relativamente a terceiros e às mercadorias destes, sem prejuízo de o navio poder ser empregue em qualquer outro modo de negócio lícito ligado à navegação marítima. É por este motivo que na vontade de contratar do afretador não releva já apenas a capacidade de transporte do navio – até porque, nesta modalidade, o fretamento poderá ser para fim distinto –, mas o conjunto da capacidade de navegação marítima e do próprio valor comercial deste. Na verdade, é também um factor de peso na decisão de contratar do afretador, para além de outras, a espécie de utilização que pode ser feita do navio, o tipo de mercadoria que pode ser transportada e a capacidade quantitativa de transporte, bem como os custos de combustível e as características da própria construção, designadamente para enfrentarem determinados tipos de mares. A necessidade de ponderação destas e de outras circunstâncias resulta precisamente da circunstância de, no fretamento a tempo, a gestão comercial caber ao afretador.

Ressalvada, pois, esta diferença nada mais de particular relevância distingue as obrigações principais do fretador por viagem previstas no art.º 7.º, als. a) e b), do D.L. n.º 191/87 – já que, evidentemente, a aludida na al. c) do mencionado dispositivo não tem aqui aplicação –, das do fretador a tempo [cfr. supra 2.1.1., § 1.º].

§ 2.º Obrigação de suportar todas as despesas inerentes ao navio

Da circunstância de a gestão náutica continuar a caber ao fretador resulta para este o dever de manter o navio em adequadas condições de navegabilidade – incluindo os custos com as reparações necessárias –, bem como de assegurar o pagamento das despesas de funcionamento inerentes ao navio. De resto, é precisamente por força desta obrigação que o art.º 30.º do D.L. n.º 191/87, determina a suspensão do vencimento do frete quando se torne impossível a utilização comercial do navio por motivo não imputável ao afretador. Verificando-se tal impossibilidade, seja por motivo de força maior seja por motivo imputável ao fretador, compete sempre a este último providenciar pelas reparações ou remover os obstáculos necessários a permitir a utilização do navio.

A lei ressalva expressamente a despesa com combustível como ficando a cargo do afretador (art.º 27.º, n.º 1, do D.L. n.º 191/87). O sentido desta norma parece ser sobretudo de clarificação. Com efeito, no fretamento por tempo, o afretador tem a seu cargo todos os custos variáveis da exploração comercial do navio. Ora, apesar de a despesa com o combustível ser uma das que estão normalmente incluídas na gestão comercial, terá o legislador querido isentar de dúvida a sua imputação ao afretador, sublinhando assim a circunstância de que, competindo a este determinar a ou as viagens a efectuar, em função da perspectiva comercial de exploração do navio que desenvolva, caber-lhe-á naturalmente suportar o custo variável mais directo de tal exploração[89].

Por identidade de razões, ficam também excluídas do âmbito da responsabilidade do fretador as despesas com as avarias causadas ao navio em resultado das operações comerciais (art.º 32.º do D.L. n.º 191/87), ou seja, imputáveis ao afretador.

§ 3.º Obrigação de cooperação: o caso especial do capitão do navio

A obrigação de cooperação leal das partes é genérica e transversal ao direito dos contratos, visando *"a realização cabal do interesse do credor com o menor sacrifício possível dos interesses do devedor, para a resolução de qualquer dúvida que fundadamente se levante, quer seja acerca dos deveres de prestação (...) quer seja a propósito dos deveres acessórios de conduta de uma ou outra das partes"*[90].

[89] Precisamente por causa deste critério, embora os salários do capitão e da tripulação sejam encargo do fretador, o pagamento de horas extraordinárias ou outros acréscimos remuneratórios imputáveis a operações comerciais determinadas pelo afretador deverão ficar a cargo deste.

[90] Antunes Varela, *Das Obrigações em Geral*, II, Almedina, 5.ª edição, 13.

A sua amplitude é significativa e as suas manifestações variam muito de acordo com a espécie contratual que esteja em causa. No caso em apreço, o dever de cooperação do fretador relaciona-se directamente com as duas obrigações anteriormente abordadas – podendo até retirar-se do conteúdo global das mesmas –, merecendo, todavia, aqui autonomização uma das suas vertentes, em tributo ao importante papel que o capitão desempenha no fretamento a tempo.

Na verdade, cabendo ao fretador a gestão náutica do navio, é também este que, em princípio, deverá proceder ao seu armamento e equipamento. No âmbito da gestão náutica, compete ao fretador, por si ou através de terceiro, nomeadamente um gestor de navio, contratar o capitão e a tripulação (a "*equipagem*", na definição dos artigos 3.º e 4.º do Código Penal e Disciplinar da Marinha Mercante, aprovado pelo Decreto-Lei n.º 33 252, de 20.11.1943, já objecto de diversas alterações).

Contrariamente ao que foi regra durante séculos, a profissionalização das estruturas humanas e funcionais dos armadores, ou melhor, dos exploradores de navios, o aparecimento de agentes em diversos portos e a informatização e "despersonalização" dos serviços esvaziaram o capitão das funções comerciais que lhe vinham sendo confiadas. Nos dias de hoje, o capitão é essencialmente um técnico especialmente habilitado no que respeita à navegação marítima, sendo o supremo "*encarregado do governo e da expedição do navio*", como reconhece o preâmbulo do D.L. n.º 384/99, de 23 de Setembro. Já no início dos anos 80 do século passado, MÁRIO RAPOSO escrevia que o capitão "*já não é um representante comercial do armador; só incidentalmente o seu estatuto irá além do de "comandante do navio", numa perspectiva de técnico qualificado de navegação*"[91].

Nos dias que correm, resulta da normatividade nacional e das várias convenções internacionais adoptadas por Portugal que sobre o capitão impende um conjunto vasto de obrigações de natureza diversa, sobretudo de índole técnica, mas também, em menor medida, comercial e jurídica, de que seguidamente daremos conta de algumas das mais importantes, embora sem preocupações de exaustão.

No plano técnico, embora com reflexo nas múltiplas vertentes presentes na expedição marítima, são de realçar as seguintes obrigações: quanto à navegação estrita, à estiva, arrumação, carga e descarga da

[91] *Direito Marítimo – Uma Perspectiva*, ROA Mai-Set. 1983, 364.

mercadoria (art.º 6.º do D.L. n.º 384/99, de 23 de Setembro); à manutenção da disciplina a bordo relativamente aos demais membros da equipagem, pessoal auxiliar e passageiros (arts. 9.º e 17.º do Código Penal e Disciplinar da Marinha Mercante; art.º 76.º, n.º 5, do D.L. n.º 166/2019, de 31 de Outubro); à segurança do navio e do meio marinho (§ 5.2. do Código ISM[92] – anexo ao Regulamento (CE) n.º 336/2006 do Parlamento Europeu e do Conselho, de 15 de Fevereiro de 2006, alterado pelo Regulamento (UE) 2019/1243 do Parlamento Europeu e do Conselho de 20 de junho de 2019; art.º 81.º do D.L. n.º 166/2019, de 31 de Outubro); à segurança do tráfego marítimo (Capítulo V, Regra 2, a), da Convenção SOLAS[93]); à prestação de socorro a terceiros (arts. 3.º, n.º 1, do D.L. n.º 203/98, de 10 de Julho; Capítulo V, Regra 10, da Convenção SOLAS); à existência e conformidade da documentação legal do navio e da equipagem (arts. 70.º, n.º 7, e 71.º, n.º 7, do D.L. n.º 166/2019, de 31 de Outubro), etc.

Ao nível comercial, pese embora o desvanecimento desta função, conforme já referimos supra, o capitão continua, além do mais, e com destaque, a ter poderes para emitir conhecimentos de carga (art.º 3.º, § 3.º da Convenção Internacional para a Unificação de certas Regras em Matéria de Conhecimento, assinada em Bruxelas em 25 de Agosto de 1924 ("Regras de Haia"; e arts. 5.º e 8.º do D.L. n.º 352/86, de 21 de Outubro).

No plano jurídico, o capitão representa, judicial ou extrajudicialmente, o proprietário ou armador do navio, fora da sede destes, em tudo o que se relacione com a expedição (art.º 8.º, n.º 1, do D.L. n.º 202/98, de 10 de Julho).

A lei portuguesa (art.º 5.º, n.º 2, do D.L. n.º 384/99, de 23 de Setembro) especifica ainda que o capitão exerce os poderes de base legal ou convencional com vista à boa condução da expedição marítima, designadamente os respeitantes ao navio, à carga e a quaisquer outros interesses naquela envolvidos.

Ora, no âmbito do fretamento por tempo, a posição do capitão é de charneira entre o fretador e o afretador, já que, se por um lado, é o primeiro que, por si ou por gestores ou outros auxiliares, o contrata e a quem,

[92] Código Internacional de Gestão para a Segurança da Exploração dos Navios e a Prevenção da Poluição.

[93] Convenção Internacional para a Salvaguarda da Vida Humana no Mar.

por isso, deve lealdade, por outro, é do segundo que receberá as ordens correspondentes à concreta expedição marítima.

A regra que deverá presidir à actuação do capitão será sempre a de preservação da segurança do meio marinho, do navio, da tripulação e das mercadorias a bordo. Com vista a tais finalidades, beneficia necessariamente de um elevado grau de autonomia de decisão que, previsivelmente, o poderá colocar em rota de colisão com o interesse do afretador – O § 5.2 do Código ISM explicita claramente que o capitão é a autoridade suprema e dispõe de competência para tomar decisões em matéria de segurança e de prevenção da poluição. De resto, tal autonomia tem como espelho a responsabilidade civil pelos danos causados, como comissário, nos termos propugnados no art.º 5.º, n.º 1, do D.L. n.º 384/99, de 23 de Setembro.

O dever de cooperação traduz-se, neste plano, na escolha conscienciosa do capitão pelo fretador e na transmissão por este àquele de instruções tendentes a facultar a obtenção por parte do afretador da finalidade última subjacente à exploração comercial do navio, dentro dos limites definidos pela carta-partida.

Assim, nesta perspectiva, o afretador goza de uma margem significativa de discricionariedade nas ordens que poderá transmitir ao capitão e que deverão ser acatadas por este. A actuação do capitão dentro deste quadro de instruções é apenas balizada pelos termos da carta-partida e por considerações de segurança do meio marinho, de pessoas e bens, incluindo a do próprio navio. Os poderes do afretador não poderão ultrapassar a fronteira definida pelas regras e princípios da navegação em segurança. Para lá desses limites, o capitão é o último decisor.

Sem prejuízo do exposto, não extravasa dos poderes do afretador a transmissão de instruções gerais que possam vir a contender com a navegação do navio. Com efeito, é admissível, por exemplo, que o afretador possa indicar genericamente uma rota a ser seguida pelo navio entre os portos convencionados na carta-partida. Porém, a determinação da concreta rota a ser seguida pelo navio cabe exclusivamente ao capitão, tendo em atenção o âmbito geográfico dentro do qual o navio pode ser utilizado, de acordo com a carta-partida, os relatórios meteorológicos que receba, os perigos de mar conhecidos, riscos de segurança não ligados ao mar ou outras circunstâncias conhecidas ou previsíveis no início da expedição marítima. Apenas e só no caso de se verificar uma destas circunstâncias poderá o capitão ignorar a instrução genérica do afretador. Mesmo as circunstâncias de ordem económica que desaconselhem o cumprimento da instrução geral do afretador não justificam o seu não cumprimento, já que esse risco corre exclusivamente por conta daquele[94].

Afigura-se ser este o melhor entendimento do teor do art.º 28.º do D.L. n.º 191/87, de 29 de Abril, nomeadamente na concatenação dos equilíbrios entre os diferentes interesses das diversas partes envolvidas no contrato e das obrigações nacionais e internacionais de segurança do meio marinho e da vida de terceiros que impendem sobre os proprietários, armadores e exploradores de navios.

Refira-se ainda que o dever de lealdade do fretador, na específica vertente que temos vindo a abordar, reflecte-se numa última faculdade do afretador: a de exigir a substituição do capitão quando a actuação deste for de molde a prejudicar os seus interesses comerciais.

Não pode o afretador determinar por si a substituição do capitão, já que, pertencendo a gestão náutica ao fretador, cabe a este a sua nomeação, nos termos vertidos no art.º 3.º, n.º 1, do D.L. n.º 202/98, de 10 de Julho. Todavia, o n.º 2 do mesmo dispositivo legal prevê a possibilidade de despedimento do capitão a todo tempo, salvaguardando apenas os direitos e obrigações deste decorrentes do contrato de trabalho. É de salientar, porém, que a solicitação do afretador de substituição do capitão não poderá ser arbitrária, devendo ser justificada em concreto com factos susceptíveis de constituírem prejuízo para os interesses comerciais daquele.

Verificando-se o preenchimento dessa causa de substituição, deverá o fretador corresponder ao solicitado.

2.2.2. Obrigações do afretador

§ 1.º Obrigação de pagamento do frete

Tal como no fretamento por viagem, a obrigação principal do afretador no fretamento a tempo é a de pagamento do frete.

O frete vence-se com a colocação do navio à disposição do afretador e é devido durante todo o tempo em que tal disponibilidade se verifique, uma

[94] Coisa distinta, mas, no entanto, abrangida pela obrigação de cooperação e de boa fé, é o dever acessório de o capitão informar o afretador da rota mais económica entre os portos convencionados.

vez que esta corresponde à prestação sinalagmática do fretador. Daí que, contrariamente ao que sucede no fretamento por viagem, se possa aqui afirmar que o tempo corre a favor do fretador e contra o afretador: o frete é devido a partir do dia em que o navio é posto pelo fretador à disposição do afretador, apenas sendo suspenso nos períodos em que, por motivo não imputável ao afretador (i.e., por motivo imputável ao fretador, ao próprio navio ou a terceiros), a utilização comercial do navio se torne impossível (arts. 29.º e 30.º do D.L. n.º 191/87, de 29 de Abril).

Acolhendo a tradição anglo-saxónica, reflectida numa parte significativa dos contratos-tipo de fretamento por tempo mais utilizados no mercado (e.g., BALTIME; NYPE; SHELLTIME), a lei portuguesa determina que o frete deverá ser pago antecipadamente, com referência a períodos de quinzenas (art.º 29.º, n.º 2, do D.L. n.º 191/87, de 29 de Abril). Naturalmente, o não cumprimento da obrigação do afretador de pagar o primeiro frete constituirá fundamento de recusa de cumprimento da obrigação principal do fretador.

Por fim, realça-se que, ao contrário do que sucede no fretamento por viagem, no fretamento a tempo o fretador não goza do direito de retenção sobre as mercadorias transportadas.

Com efeito, a norma que reconhece o aludido direito real de garantia (art.º 21.º do D.L. n.º 191/87, de 29 de Abril) encontra-se inserida no capítulo II do referido diploma, referente ao contrato de fretamento por viagem, e não nas regras comuns, como sucederia caso o legislador tivesse pretendido estendê-lo às demais modalidades do fretamento, ou no capítulo III, de forma expressa ou por remissão, caso pretendesse estendê-lo apenas ao fretamento a tempo. Acresce que, de forma clara, o preâmbulo do D.L. n.º 191/87, de 29 de Abril, exclui o direito de retenção quanto ao fretamento a tempo. Aí se justifica a mudança legislativa apenas quanto ao fretamento por viagem relativamente ao regime anteriormente vigente no Código Comercial com a "*vizinhança entre o fretamento por viagem e o transporte de mercadorias*", onde o transportador beneficiava já do direito de retenção sobre a mercadoria transportada para garantia dos créditos emergentes do transporte (art.º 21.º do D.L. n.º 352/86, de 21 de Outubro). Entendeu, portanto, o legislador que existia uma similitude material entre a posição do transportador marítimo e o fretador por viagem que justificava o tratamento unitário de ambos no que respeita ao reconhecimento de um direito de retenção sobre as mercadorias transportadas para garantia do frete.

Releva igualmente que, de forma oposta ao fretamento por viagem, o fretamento a tempo pode ter outras finalidades que não o transporte de mercadorias, pelo que a previsão de um direito de retenção apenas poderia, quando muito, beneficiar o fretador que pusesse à disposição do afretador um navio para o transporte de mercadorias, deixando sem essa garantia os fretamentos para outros fins – por contraposição, em Espanha, a *Ley de Navegación Marítima* prevê o direito de retenção para ambas as modalidades de fretamento, resolvendo o problema da retenção das mercadorias de terceiros impondo como limite desta o do valor do frete em dívida pelos carregadores ao afretador (arts. 237.º e 238.º). Todavia, a situação material de base é substancialmente distinta da portuguesa pois, em Espanha, contrariamente ao que sucede entre nós, o fretamento é equiparado ao transporte marítimo de mercadorias, fazendo sentido a uniformidade de regime. Refira-se ainda que, no caso do fretamento a tempo, dado que a gestão comercial cabe ao afretador, será, as mais das vezes, este a celebrar com terceiros subfretamentos por viagem ou transportes de mercadorias, beneficiando de igual modo do direito de retenção sobre as mercadorias transportadas.

Por fim, a diferente arquitectura legal das modalidades de fretamento por viagem e a tempo no que toca ao momento do pagamento do frete, nada prevendo quanto à primeira e estipulando que o frete deverá ser pago antecipadamente quanto à segunda, confere maior segurança, pelo menos em termos teóricos, à posição do fretador a tempo do que à do fretador por viagem. Com efeito, verificando-se o incumprimento da obrigação de pagamento do frete, fica o fretador legitimado a recusar a sua prestação – disponibilização do navio em estado de navegabilidade –, invocando a excepção de não cumprimento (art.º 428.º do Código Civil). Nesta medida, o direito de retenção surge como um mecanismo quase dispensável para um fretador medianamente sagaz e diligente.

§ 2.º Obrigação de utilização do navio para finalidades lícitas e autorizadas

A obrigação de o afretador utilizar o navio para fins lícitos decorre dos princípios gerais de direito, com afloramentos específicos no âmbito do direito marítimo, v.g. no que respeita à proibição e repressão do tráfico de escravos, de substâncias estupefacientes ou da pirataria (v.g., arts. 99.º, 100.º e 108.º da Convenção das Nações Unidas Sobre o Direito do Mar, aprovada para ratificação pela Resolução da Assembleia da República n.º 60-B/97, de 14 de Outubro), existindo ainda um afloramento da mesma no art.º 23.º, al. c), do D.L. n.º 191/87, de 29 de Abril.

De resto, em termos genéricos, a lei portuguesa fulmina com a nulidade os negócios jurídicos contrários à lei, à ordem pública ou ofensivos dos bons costumes (art.º 280.º do Código Civil).

Resulta, pois, daqui que, à luz da ordem jurídica portuguesa, apenas merecem tutela os contratos cujo objecto seja lícito, conforme à ordem pública e não ofensivos dos bons costumes. Assim, qualquer contrato de fretamento de navio deverá obedecer a estes requisitos para ser válido.

Para além disso, agora no plano já não da validade mas do cumprimento do contrato, a utilização do navio pelo afretador, pelo menos quando o mesmo se destine ao transporte de mercadorias, está ainda limitado pelas restrições objectivas que constem da carta-partida. Com efeito, o art.º 23.º, al. c), do D.L. n.º 191/87, de 29 de Abril, determina que a carta-partida contenha a indicação das mercadorias que o navio não pode transportar. Não se vislumbra impedimento a que esta definição possa ser feita pela positiva, ou seja, pela enumeração das mercadorias que o navio poderá transportar (resultando, *a contrario*, a exclusão de todas as mercadorias não enumeradas), mas a verdade é que os principais contratos-tipo disponíveis no mercado optam pela metodologia propugnada pela lei portuguesa, definindo, de uma forma mais ou menos genérica, as mercadorias cujo transporte é vedado [e.g., "SHELLTIME", cláusulas 4.(a) e 28; "NYPE", cláusula 4.(a); "BALTIME", cláusula 2)].

A não observância destas disposições configura um incumprimento contratual e faculta ao capitão do navio a recusa de realização da viagem pretendida pelo afretador.

§ 3.º Obrigação de utilização do navio dentro dos limites geográficos estipulados no contrato

Uma das consequências de caber ao afretador a tempo a gestão comercial do navio é a liberdade de aquele o poder conduzir para quaisquer águas navegáveis. Tendo em consideração este pressuposto, a lei prevê a possibilidade de as partes limitarem na carta-partida o âmbito geográfico da utilização (art.º 23.º, al. b), do D.L. n.º 191/87, de 29 de Abril). Trata-se de outra norma cuja finalidade é a limitação de direitos do afretador, à semelhança da que abordamos no § 2.º. Todavia, enquanto aquela prevê um recorte negativo do âmbito das mercadorias que ao afretador é lícito transportar (embora, como dissemos, nada parece poder opor-se a um recorte positivo definido em concreto pelas partes), esta última restringe o âmbito de actuação geográfica do navio, ou seja, da sua utilização pelo afretador, pela positiva, isto é, pela indicação dos limites geográficos dentro dos quais o navio pode ser utilizado (embora, também aqui, não se veja motivo para que as partes não possam limitar o âmbito geográfico pela negativa).

Em qualquer dos casos, definidos que estejam na carta-partida os limites geográficos da utilização do navio, deverá o afretador cumprir com os mesmos, da mesma forma que o capitão do navio, que outrossim está obrigado a conformar a sua actuação com tais limites.

§ 4.º Obrigação de indicar um porto seguro

Sobre esta matéria, que ganha especial relevância no caso do fretamento a tempo, dada a divisão de gestões (náutica e comercial), veja-se o expendido supra em 2.1.2, § 3.º.

§ 5.º Obrigação de restituição do navio no final do período estipulado no contrato

Elemento essencial do contrato de fretamento a tempo é, precisamente, o período de duração do fretamento.

A duração do fretamento a tempo é habitualmente definida de uma de duas formas[95]: (i) ou através da determinação de um período concreto ou concretizável de tempo (e.g., um mês; três a seis meses) [*period time charter*]; ou (ii) através do cálculo do tempo de uma viagem determinada ou de

[95] Terence Coghlin, John D. Kimball, Andrew W. Baker, Thomas H. Belknap, Jr., Julian Kenny, *Time Charters*, Informa Law, Routledge, 7th edition, 2014, 91.

um conjunto de viagens determinadas [*trip time charter*]. Findo o prazo convencionado, o afretador está obrigado a restituir o navio ao fretador no local indicado na carta-partida.

A lei não prevê expressamente esta obrigação do afretador, provavelmente porque ela padece de alguma imprecisão conceptual: cabendo ao fretador a gestão náutica do navio, ele nunca perde o domínio fáctico deste, pelo que, em rigor, nunca haveria lugar a qualquer restituição material. Todavia, aceita-se, por uma questão de uniformização de conceitos no domínio das várias modalidades do fretamento e até de clareza, o emprego da expressão "*restituição*" aplicada à cessação da utilização comercial do navio pelo afretador a tempo, ou seja, ao termo final da sua disponibilização. Como tal, a mencionada obrigação decorre da dinâmica do contrato de fretamento a tempo, quer do ponto de vista da arquitectura do mesmo pressuposta no D.L. 191/87, de 29 de Abril, quer da própria construção doutrinal.

Ora, a restituição do navio deverá ser efectuada no porto (ou cais) convencionado até ao termo final do contrato, no mesmo estado em que o afretador o recebeu, salvo o desgaste próprio do seu uso normal[96]. Sucede, porém, que as circunstâncias específicas da navegação marítima e do próprio comércio internacional poderão frequentemente criar problemas susceptíveis de obstar ao cumprimento "limpo" desta obrigação do afretador. A questão coloca-se, sobretudo, com a conciliação entre a duração das viagens pretendidas pelo afretador e a duração do próprio contrato.

O art.º 31.º, n.º 1, do D.L. n.º 191/87, de 29 de Abril, estabelece como regra que o fretador não é obrigado a iniciar uma viagem cuja duração previsível exceda a fixada na carta-partida. Ou seja, sempre que seja previsível, antes do início da viagem, que a duração desta implicará a ultrapassagem do termo final previsto na carta-partida, o fretador poderá recusar a sua realização. No entanto, se apesar disso, optar por realizar a

[96] o dever de restituição do navio no mesmo estado em que foi apresentado ao afretador relaciona-se com a circunstância de ao afretador caber a gestão comercial, sendo este responsável pelas avarias causadas ao navio em consequência das operações comerciais (arts. 26.º e 32.º do D.L. n.º 191/87, de 29 de Abril). Assim, apenas as deteriorações não reconduzíveis ao desgaste próprio do uso normal do navio e que sejam resultantes da gestão comercial do afretador poderão dar lugar ao dever de indemnizar.

dita viagem, apenas terá direito ao proporcional do frete correspondente ao prolongamento do fretamento (art.º 31.º, n.º 1, segunda parte).

O n.º 2 do art.º 31.º prevê uma situação distinta: se, por facto imputável ao afretador, o fretamento exceder a duração prevista na carta-partida, o fretador tem direito pelo tempo excedente, ao dobro do frete estipulado.

Essencial para distinguir as duas situações é, pois, determinar, antes do início da viagem, se a violação do termo final do contrato é ou não previsível. Caso se verifique essa previsibilidade, a aceitação do fretador em realizar a viagem é entendida como aceitação – e até adesão – ao necessário prolongamento temporal do fretamento. Por esse motivo, a lei não lhe concede mais do que o proporcional do frete que seja devido em função do concreto prolongamento.

Já se a ultrapassagem do termo final do contrato não for previsível no início da viagem e venha a ocorrer por motivo imputável ao afretador, ou seja, por motivo relacionado com a gestão comercial do navio, aquele é obrigado a pagar ao fretador o dobro do frete estipulado.

Refira-se que esta indemnização forfetária prevista no art.º 31.º, n.º 2, do D.L. n.º 191/87, de 29 de Abril, tem carácter supletivo e não afasta a regra geral de reparação integral dos danos, de acordo com a teoria da diferença. Com efeito, de acordo com o estipulado no art.º 3.º do D.L. n.º 191/87, de 29 de Abril, o contrato de fretamento rege-se, em primeira linha, pelas cláusulas da carta-partida e só subsidiariamente pelas regras do aludido diploma legal. Ora, como tal, as partes podem, desde logo, definir na carta-partida regras indemnizatórias distintas das previstas na lei. Porém, mesmo nos casos em que essas regras não sejam convencionalmente definidas, não se vislumbra que o fretador esteja impedido de reclamar dano superior – que, com relativa facilidade, existirá, já que, consistindo a actividade do fretador a exploração económica do navio, este tentará que a embarcação esteja inactiva por períodos muitos curtos, por forma a rentabilizá-la. Dessa forma, um atraso do afretador na entrega no termo final de um fretamento a tempo poderá atrasar ou mesmo inviabilizar o cumprimento do dever de apresentação do navio no âmbito do contrato seguinte, com possíveis repercussões indemnizatórias.

Ora, a indemnização aludida no citado no art.º 31.º, n.º 2, prevê apenas um montante mínimo destinado a sancionar o afretador inadimplente tendo como referência o valor de uso do navio definido pelas partes – valor do frete –, acrescido de igual valor a título compensatório. Todavia, esta fórmula apenas visa diminuir a potencial litigiosidade, dispensando o fretador de provar os danos sofridos, mas não o impede de reclamar danos superiores. Efectivamente, nada indica que o legislador tenha querido afastar a regra geral em matéria de obrigação de indemnização plasmada no art.º 566.º, n.º 2, do Código Civil. A letra da lei não impõe tal entendimento. O espírito, de igual modo, não aponta nesse sentido, já que, sendo o contrato de fretamento tradicionalmente um contrato comercial onde não se verifica uma assimetria na relação contratual das partes, prevalece o princípio da autonomia da vontade dos contratantes ou, do ponto de vista de uma das suas vertentes, não se verifica qualquer razão que justifique uma restrição ou limitação às regras gerais.

Como tal, existindo danos de montante superior à indemnização forfetária, nomeadamente, e de forma típica, relacionados com lucros cessantes decorrentes da perda de outros negócios, o fretador poderá reclamá-los, estando, contudo, obrigado a fazer a correspondente prova. Porém, neste caso, não poderá cumular a reparação integral com a indemnização prevista no art.º 31.º, n.º 2, do D.L. n.º 191/87, de 29 de Abril.

2.2.3. *Questões de responsabilidade*

Como já apontamos supra, no contrato de fretamento, em matéria de responsabilidade civil é soberana a vontade das partes, ressalvada a normatividade de carácter manifestamente imperativo.

É precisamente no fretamento a tempo que surgem alguns dos problemas mais complicados de resolver em sede de responsabilidade civil, sobretudo pela divisão da gestão náutica e da gestão comercial entre fretador e afretador, com a correspectiva imputação de responsabilidades, e pela decorrente circunstância de, frequentemente, o afretador a tempo se converter relativamente a terceiros em fretador – a tempo ou por viagem – ou em transportador de mercadorias por via da subsequente celebração de subfretamentos ou de contratos de transporte, criando uma teia de relações jurídicas que por vezes dificulta a clara percepção das posições das partes.

Desde logo, a celebração de subfretamentos pelo afretador ou a emissão de conhecimentos por este ou pelo fretador principal não alteram os termos da carta-partida inicial, que continuam a regular a relação fretador-afretador.

A regra geral, no fretamento a tempo, é de que apenas o afretador pode emitir conhecimentos de carga, por lhe caber a gestão comercial do navio. Como tal, os contratos de transporte consideram-se celebrados entre o afretador e os terceiros carregadores. Nestas circunstâncias, o fretador não assume a posição de transportador.

Em matéria de responsabilidade aquiliana, a situação do fretamento a tempo é substantivamente distinta da do fretamento por viagem. Com efeito, à partida poder-se-ia dizer que, diferentemente do que sucede no fretamento por viagem, no fretamento a tempo, a divisão entre a gestão náutica e comercial entre o fretador e o afretador faz pender a responsabilidade entre um e o outro, conforme a actuação danosa seja imputável a uma ou outra das gestões. Todavia, é o fretador o responsável perante terceiros pelos danos causados pelo navio, designadamente pelos actos e omissões do capitão, da tripulação, dos pilotos ou práticos tomados a bordo ou de quaisquer outras pessoas ao serviço do navio. É o que resulta da normatividade legal, designadamente do disposto nos arts. 1.º, als. b) e c), 2.º, 4.º e 5.º do D.L. n.º 202/98, de 10 de Julho, ao fazer recair a responsabilidade sobre quem seja armador do navio, independentemente de ser ou não o seu proprietário. É também esta a solução que melhor se coaduna com a protecção dos terceiros lesados, que não devem ser onerados com uma investigação adicional sobre o real responsável em face de uma relação contratual a que, por via de regra, serão alheios, para mais com a dificuldade inerente ao apuramento e imputação do facto causal do dano à gestão náutica ou à gestão comercial. Cremos mesmo que, a não ser como a lei determina, a melhor alternativa seria a solidariedade passiva do fretador e do afretador, de acordo com a regra geral da responsabilidade civil extracontratual (art.º 497.º, n.º 1, do Código Civil).

Todavia, como resulta do exposto, esta responsabilidade opera apenas nas relações externas. Nas relações internas, entre fretador e afretador, é efectivamente relevante determinar se o acto ou omissão causador do dano é imputável à gestão náutica ou comercial do navio, por forma a permitir apurar a real medida da culpa de cada um daqueles, com expressão no eventual direito de regresso do fretador sobre o afretador, nos termos do disposto no art.º 497.º, n.º 2, do Código Civil.

2.3. Fretamento em Casco Nu

O art.º 33.º do D.L. n.º 191/87, de 29 de Abril, define o contrato de fretamento em casco nu como aquele em que *"o fretador se obriga a por à disposição do afretador, na época, local e condições convencionados, um navio, não armado nem equipado, para que este o utilize durante um certo período de tempo"*, para utilização em todos os tráfegos e actividades compatíveis com a sua finalidade normal e características técnicas – art.º 39.º, n.º 1.

É o próprio preâmbulo do D.L. n.º 191/87, de 29 de Abril, que reconhece a relação de fronteira entre o fretamento em casco nu e a locação de navio. Todavia, o mesmo texto, conjugado com o teor do art.º 1.º do diploma, esclarece qual o critério diferenciador de uma e outra das figuras: no fretamento, a utilização do navio terá de ser dirigida a fins de navegação marítima. Daí a exclusão do âmbito do fretamento em casco nu da utilização de navios para outras finalidades, como, por exemplo, para hotel, caindo as mesmas no âmbito da locação civil.

Como já referido supra [2.], no fretamento em casco nu, cabe ao afretador a gestão náutica e a gestão comercial. Ora, cabendo então ao afretador a gestão náutica do navio, é também este que deverá proceder ao seu armamento e equipamento (cfr., a este propósito, as notas 32 e 33). Neste ponto, ou melhor dizendo, na exigência de que o fretamento em casco nu apenas poderá ter lugar quando o fretador ponha à disposição *um navio, não armado nem equipado*, a noção da lei portuguesa afasta-se da matriz da legislação francesa (art.º L5423-8, do *Code des Transports*) e da própria lição de RENÉ RODIÈRE[97], pois estas admitem o fretamento em casco nu mesmo que o fretador ponha à disposição um navio com um armamento ou equipagem incompletos. RODIÈRE explica que existem vários níveis de armamento e que o fretador, perante a perspectiva de entregar o navio ao afretador, às vezes durante anos, pode, no exercício de um poder decorrente do direito de propriedade sobre o mesmo, tentar salvaguardar os seus interesses e o seu património, confiando o navio a um capitão – ou outros membros da equipagem – da sua escolha.

À luz da lei portuguesa, não se vê que isto possa suceder sem a colaboração e adesão do afretador, dado que, nos termos dos art.ºs 1.º, al. c), 2.º, n.º 1, al. c), e 3.º, n.º 1, do D.L. n.º 202/98, de 10 de Julho, e 36.º do D.L.

[97] *Ob. cit.*, 285.

n.º 191/87, de 29 de Abril, é a este último que compete a designação do capitão do navio. No entanto, em face do preceituado no art.º 35.º do D.L. n.º 191/87, de 29 de Abril, o critério final relevante para aferir se ainda estamos ou não perante um contrato de fretamento em casco nu radica na determinação, em face dos termos da carta-partida, da pessoa a quem cabe a gestão náutica (pressupondo que nenhuma dúvida se coloca sobre a responsabilidade do afretador pela gestão comercial): se, apesar da designação do capitão do navio pelo fretador, todas as restantes operações e despesas relativos aos cuidados com o navio e suas partes componentes e à navegação propriamente dita, forem da responsabilidade do afretador, estaremos ainda no quadro de um fretamento em casco nu; caso contrário, estaremos, em princípio, perante um contrato de fretamento a tempo.

Refira-se, por fim, que, para além de ser uma forma de rentabilização do património do proprietário do navio sem os encargos inerentes à sua exploração, o fretamento em casco nu é também utilizado, frequentemente, pelo vendedor ou financiador da venda do navio ao real adquirente como uma garantia, cedendo a este o uso mas mantendo a seu favor o direito de propriedade.

Vejamos, então, as principais obrigações das partes.

2.3.1. Obrigações do fretador

§ 1.º Obrigação de apresentação de um navio em estado de navegabilidade

À semelhança do que também sucede nas demais modalidades do contrato de fretamento, também nesta a obrigação nuclear do fretador consiste na disponibilização ao afretador, no tempo e local convencionados, de um navio em bom estado de navegabilidade para que este último o utilize durante um determinado período de tempo.

Todavia, contrariamente ao que sucede no fretamento por viagem e a tempo, não recai aqui sobre o fretador a obrigação de apresentar o navio devidamente armado e equipado nem a obrigação de manter o estado de navegabilidade do navio. Com efeito, com a cedência da gestão náutica ao afretador, é sobre este que passa a recair tal obrigação durante a duração do contrato.

§ 2.º Obrigação de suportar as despesas com reparações e substituições resultantes de vício próprio do navio

Da circunstância de a gestão náutica caber ao afretador resulta para este o dever de manter o navio em adequadas condições de navegabilidade – incluindo os custos com as reparações necessárias –, bem como de assegurar o pagamento das despesas de funcionamento inerentes ao navio. Todavia, como decorrência da obrigação principal de disponibilização de um navio em bom estado de navegabilidade, recai sobre o fretador um dever de garantia do navio quanto a vícios próprios deste. Com efeito, estes vícios são reveladores do estado de inavegabilidade do navio, pelo que é responsabilidade do fretador suportar as despesas com reparações e substituições resultantes dos mesmos (art.º 38.º, n.º 1, do D.L. n.º 191/87, de 29 de Abril).

De forma similar ao que sucede no fretamento a tempo, é por força desta obrigação do fretador que o art.º 38.º, n.º 2, do D.L. n.º 191/87, determina a suspensão do vencimento do frete quando se torne impossível a utilização comercial do navio por motivo de reparação ou substituição originada por vício próprio do navio.

2.3.2. *Obrigações do afretador*

§ 1.º Obrigação de pagamento do frete

Sobre esta matéria, veja-se, supra, o ponto 2.2.2., § 1, também aplicável ao fretamento em casco nu, *mutatis mutandis.*

§ 2.º Obrigação de utilização do navio para finalidades lícitas e autorizadas

Sobre esta matéria, veja-se, supra, o ponto 2.2.2., § 2, também aplicável ao fretamento em casco nu, *mutatis mutandis.*

§ 3.º Obrigação de armar e equipar o navio

Como já sobejamente referido, a obrigação de prover ao armamento e equipagem do navio recai sobre quem detém a gestão náutica do mesmo, ou seja, no caso, o afretador (art.º 36.º do D.L. n.º 191/87, de 29 de Abril).

Esta obrigação abrange inclusivamente a responsabilidade pelos encargos fiscais e com a segurança social da equipagem.

§ 4.º Obrigação de suportar as despesas com reparações, manutenção e seguros

Esta é também uma obrigação que decorre da alocação da gestão náutica do navio ao afretador e, consequentemente, com a transferência para este do dever de manter o navio em bom estado de navegabilidade. Cabe, pois, ao afretador suportar todas as despesas com a manutenção do navio, incluindo as inspecções ou vistorias legalmente obrigatórias (arts. 10.1 e 10.2 do Código ISM e Regras 4, n.º 1, al. b), do Anexo I, 10, n.º 1, als. b) e c), do Anexo II, e 3.º, n.º 1, al. b), do Anexo IV, da Convenção MARPOL - Convenção Internacional para a Prevenção da Poluição do Mar por Navios, de 1973, cujo Protocolo de 1978 foi aprovado para adesão pelo Decreto do Governo n.º 25/87, de 10 Julho) ou as reparações necessárias a assegurar o seu bom estado de navegabilidade, com excepção das que sejam imputáveis a defeitos ou vícios próprios do engenho [cfr. supra, § 2.º] (arts. 37.º, al. a), e 38.º, n.º 1, do D.L. n.º 191/87, de 29 de Abril).

É também ao afretador que compete celebrar os contratos de seguro obrigatórios para o exercício da exploração económica do navio (art.º 37.º, al. b), do D.L. n.º 191/87, de 29 de Abril), como sejam os seguros em matéria de créditos marítimos (art.º 4.º do Decreto-Lei n.º 50/2012, de 2 de Março), de transporte de hidrocarbonetos a granel como carga (artigo VII da Convenção Internacional sobre a Responsabilidade Civil pelos Prejuízos devidos à Poluição por Hidrocarbonetos (CLC), de 1969) ou de acidentes de trabalho dos Marítimos (art.º 7.º, n.º 7, da Lei n.º 146/2015, de 9 de Setembro).

§ 5.º Obrigação de manter indemne o fretador relativamente a quaisquer consequências da exploração comercial do navio

Esta obrigação encontra-se expressamente consignada no art.º 41.º do D.L. n.º 191/87, de 29 de Abril, e justifica-se pela transmissão material e jurídica do direito de utilização e exploração do navio por parte do fretador para o afretador. Esta transmissão é, no fretamento em casco nu, quase total, abrangendo a gestão náutica e comercial do engenho.

É, portanto, este afastamento do fretador relativamente ao navio, que mantém apenas o direito de propriedade ou de outro direito real menor que lhe permita alicerçar a posição jurídico de fretador, que justifica esta regra, que mais não é do que uma salvaguarda contra actos danosos do afretador ou dos seus agentes, que, por via das especificidades do direito marítimo, poderão vir a afectar directa ou subsidiariamente a esfera jurídico-patrimonial do fretador.

§ 6.º Obrigação de restituição do navio no final do período estipulado no contrato

Também nesta modalidade de fretamento, o período de duração do contrato é elemento essencial do mesmo, conforme decorre do disposto nos art.ºs 34.º e 23.º, al. a), do D.L. n.º 191/87, de 29 de Abril. Findo o prazo convencionado, o afretador está obrigado a restituir o navio ao fretador no local indicado na carta-partida.

Contrariamente ao que sucede com o fretamento a tempo, no caso do fretamento em casco nu, a lei prevê expressamente esta obrigação de "reentrega" do afretador, determinando que este deve, no termo do contrato, restituir o navio ao fretador no mesmo estado e nas mesmas condições em que o recebeu, salvo o desgaste próprio do seu uso normal (art.º 40.º, do D.L. n.º 191/87, de 29 de Abril). É aqui notória a similitude com as obrigações paralelas do afretador a tempo e do locatário de entrega do navio ou do bem locado no final do contrato – esta última prevista no art.º 1043.º, n.º 1, do Código Civil. De resto, tal paralelismo não se esgota neste aspecto, como se afere pela opção do legislador de determinar a aplicação subsidiária das normas sobre o contrato de fretamento a tempo e da lei geral sobre o contrato de locação ao contrato de fretamento em casco nu (art.º 42.º do D.L. n.º 191/87, de 29 de Abril). Ora, é precisamente por via da aplicação subsidiária das aludidas normas que é possível determinar qual a consequência da mora do afretador em casco nu quanto à obrigação de restituição do navio sempre que a mesma não tenha sido antecipadamente convencionada na carta-partida. E, na verdade, ambos os regimes apontam para idêntica solução: o afretador será obrigado a pagar ao fretador o dobro do frete estipulado (arts. 31.º, n.º 2, do D.L. n.º 191/87, de 29 de Abril, e 1045.º, n.º 2, do Código Civil).

2.3.3. *Questões de responsabilidade*

Segundo a lição de René Rodière[98], entre as próprias partes no contrato de fretamento em casco nu, cada uma delas será responsável perante a outra pelos incumprimentos das obrigações próprias que do contrato lhes advenham.

Resulta, contudo, da feição própria deste específico contrato que são em número reduzido as obrigações que incidem sobre o fretador. Sem dúvida que a principal assenta na colocação à disposição do afretador, no tempo e local convencionados, de um navio em bom estado de navegabilidade. Contudo, sublinha-se novamente, a obrigação de o manter em tal estado transfere-se para o afretador com a entrega do navio.

Assim, na eventualidade de perda ou avaria da mercadoria transportada durante uma expedição marítima efectuada sob um contrato de fretamento em casco nu, ao afretador cabe, além do mais, o ónus de provar o facto, que apenas pode radicar num vício próprio do navio, a culpa do fretador, o dano e o nexo causal entre este e o estado de inavegabilidade originária.

Diferentemente, na relação com terceiros, a reparação dos eventuais danos deverá recair sobre o afretador, por força da supra mencionada alocação neste último das gestões náutica e comercial, salvo se tais danos forem imputáveis a vício próprio do navio, caso em que deverão ser suportados pelo fretador.

Sucede, porém, que, por força das especificidades do direito marítimo, o fretador pode ser chamado a responder, ainda que subsidiariamente, pelos danos causados a terceiros pelo afretador ou pelos seus agentes. Com efeito, é isso que decorre, além do mais, do disposto no art.º 6.º do D.L. n.º 202/98, de 10 de Julho, sempre que o fretador seja também o proprietário do navio, o qual pode limitar a sua responsabilidade ao valor deste e do frete a risco, constituindo para tanto um fundo de limitação da responsabilidade, nos termos do art.º 12.º do mesmo diploma e do regulamento

[98] *Ob. cit.*, 288; e, outrossim, Delebecque, *Droit Maritime*, § 641.

de execução das normas da Convenção Internacional sobre o Limite de Responsabilidade dos Proprietários de Navios de Alto Mar, concluída em Bruxelas em 10 de Outubro de 1957, contido no Decreto n.º 49 029, de 26 de Maio de 1969, por força do D.L. n.º 49 028, de 26 de Maio de 1969[99-100].

No entanto, a intervenção do proprietário fretador parece justificar-se apenas por razões de garantia para com os terceiros lesados, já que, uma vez satisfeitas as indemnizações – totalmente ou pelo valor do fundo de limitação da responsabilidade –, aquele fica legalmente sub-rogado nos direitos destes contra o armador, nos termos do disposto no citado art.º 6.º do D.L. n.º 202/98, de 10 de Julho.

Não estaremos, todavia, perante um risco menor ou despiciendo para o fretador, já que a evolução internacional do Direito Marítimo tem trazido para o panorama jurídico um acréscimo de responsabilidade para os proprietários de navios, considerados estes como elementos importantes para a economia global, mas reconhecidamente portadores de especiais perigos para bens jurídicos universalmente merecedores de protecção, nomeadamente o ambiente marinho e a vida humana. Assim, veja-se que, a título de exemplo, a Convenção Internacional sobre a Responsabilidade

[99] Note-se, porém, que o Tribunal Constitucional, em sede de fiscalização concreta da constitucionalidade (Ac. TC n.º 444/2008, processo n.º 80/2008, publicado no DR 2.ª Série, n.º 209, de 28.10.2008), veio a considerar inconstitucional a norma respeitante à constituição do fundo de limitação de responsabilidade com o quantitativo previsto no art. 3.º, n.º 1, alínea a) da Convenção Internacional sobre o Limite de Responsabilidade dos Proprietários de Navios de Alto Mar, concluída em Bruxelas em 10 de Outubro de 1957, introduzida na ordem jurídica portuguesa pelo DL 49028, de 26 de Maio de 1969, com as alterações efectuadas pelo Protocolo de Bruxelas de 21 de Dezembro de 1979, aprovado para ratificação pelo Decreto 6/82, de 21 de Janeiro, que permite a indemnização decorrente da repartição pelos credores do fundo de limitação de responsabilidade que venha a cobrir apenas 3,75% do montante dos danos sofridos pelos lesados, concluindo estar-se perante o arbitramento de um quantitativo irrisório e desprezível, por violar o direito constitucional à reparação dos danos, inerente ao princípio do Estado de direito democrático, consagrado no artigo 2.º, da C.R.P.

[100] Refira-se, a propósito, que Portugal aderiu recentemente à Convenção sobre a Limitação da Responsabilidade em Matéria de Créditos Marítimos, adoptada em Londres, em 19 de novembro de 1976, e ao Protocolo de 1996 de Emenda à Convenção sobre a Limitação da Responsabilidade em Matéria de Créditos Marítimos, adoptado em Londres, em 3 de maio de 1996, através do Decreto n.º 18/2017, de 16 de Junho. Todavia, aquelas mencionadas normas internas nunca foram expressamente revogadas, o que deixa em aberto um regime de limitação da responsabilidade bicéfalo, consoante haja lugar à aplicação da Convenção e do Protocolo, nos termos do art.º 15.º da Convenção, ou da legislação interna.

Civil pelos Prejuízos devidos à Poluição por Hidrocarbonetos (CLC), de 1969, aprovada para ratificação pelo Decreto n.º 694/76 de 21 de Setembro, e cujo Protocolo de Alteração assinado em Londres em 27 de Novembro de 1992, foi também aprovado pelo Decreto n.º 40/2001, de 28 de Setembro[101], prevê um regime de responsabilidade objectiva do proprietário do navio, independente, pois, de culpa ou negligência deste (artigo III da Convenção).

Ainda que o proprietário ou armador não sejam identificáveis, o navio do fretador responderá com a sua própria substância pela dívida[102].

É, por este conjunto de motivos, que, em qualquer caso, a norma do art.º 41.º do D.L. n.º 191/87, de 29 de Abril, estabelece o princípio – já supra aludido – de que o afretador deverá manter indemne o fretador relativamente a quaisquer pretensões indemnizatórias que venham a ser deduzidas por terceiros em consequência da exploração comercial do navio, ficando obrigado a reembolsá-lo por quaisquer importâncias que este seja obrigado a pagar aos ditos terceiros. Dito de outro modo, quaisquer danos causados a terceiros pela exploração económica do navio deverão, a final, ser suportados pela esfera jurídica do afretador.

2.4. *Subfretamento*

A celebração de contratos de fretamento, sejam eles em que modalidade forem, origina relações entre as partes que se prolongam no tempo. Ora, durante o período de duração do contrato, o afretador pode negociar com terceiros a parte ou a totalidade do navio que foi posta à sua disposição, quer celebrando contratos de transporte quer celebrando novos contratos de utilização de navio.

O subfretamento é precisamente um destes contratos. A lei não dá uma definição desta figura, mas a sua percepção não se afigura grandemente problemática em face do conhecimento de outros subcontratos previstos na legislação portuguesa e da noção de fretamento constante do art.º 1.º do D.L. n.º 191/87, de 29 de Abril.

[101] As emendas aos limites de responsabilidade previstos no Protocolo de 1992 à Convenção CLC foram aprovadas pelo Decreto n.º 4/2006, de 6 de Janeiro.

[102] António Menezes Cordeiro, *ob. cit.*, 44.

Poder-se-á, assim, considerar o subfretamento como um contrato derivado e dependente de um fretamento anterior[103], por força do qual o afretador, assumindo neste subcontrato a posição de fretador, se obriga em relação a uma terceira parte, que assume, relativamente àquele, a posição de afretador, a pôr à sua disposição o mesmo navio, ou apenas uma parte dele, que lhe foi disponibilizado pelo fretador principal, para fins de navegação marítima, mediante uma retribuição pecuniária denominada frete.

Entre o fretamento e o subfretamento existe aquilo que a Doutrina designa por união ou coligação de contratos, figura que compreende os casos *"(...) de dois ou mais contratos que, sem perda da sua individualidade, se acham ligados entre si por certo nexo"*[104]. No caso, esse nexo aponta para uma coligação natural de contratos, dado que o subfretamento assenta e está dependente, quer no tocante ao seu âmbito material quer no tocante ao âmbito temporal, do contrato principal. Não se trata, contudo, de uma coligação que se apresente como necessária, isto é, pressuposta pelo programa jurídico-económico inicial das partes no contrato de fretamento, antes apresentando uma natureza acidental, que pode ou não vir a ocorrer no decurso daquele contrato principal. Claro que esta qualificação poderá ser distinta se a convenção das partes no fretamento já for no sentido da celebração posterior de subcontratos, circunstância em que aquelas visarão uma união de contratos com dependência, assumindo entre ambos um nexo funcional e económico comum, ou um programa jurídico-económico unitário.

A lei estipula apenas, no art.º 45.º, n.º 1, do D.L. n.º 191/87, de 29 de Abril, que o subfretamento está dependente da autorização escrita do fretador. Não basta, pois, a mera comunicação do mesmo ao fretador, sendo necessária ainda a sua aceitação, expressa ou tácita, pela forma escrita.

A lei não esclarece se a exigência da autorização escrita do fretador constitui um requisito de validade ou de mera eficácia do subcontrato relativamente ao fretador principal. Importa, pois, determinar pela via interpretativa que tipo de ineficácia *latu sensu*, empregando aqui a

[103] Ignacio Arroyo Martínez, *ob. cit.*, 259.

[104] Antunes Varela, *Das Obrigações em Geral*, I, Almedina, 7.ª edição, 283.

terminologia de Carlos Ferreira de Almeida[105], está em causa nesta norma.

Para Manuel de Andrade[106], a nulidade é uma forma de ineficácia. *A ineficácia é um conceito mais vasto: abrange todas as hipóteses em que, por qualquer motivo, interno ou externo, o negócio jurídico não deva produzir os efeitos a que se dirigia. A nulidade é apenas a ineficácia que procede da falta ou irregularidade de qualquer dos elementos internos ou essenciais do negócio: falta de capacidade, falta ou defeito de declaração de vontade, impossibilidade física ou legal do objecto (incluindo a ilicitude). A nulidade procede, em suma, de um vício de formação do negócio jurídico. (...) Também não é difícil estabelecer o confronto entre a nulidade e a eficácia em sentido restrito: a nulidade pressupõe uma falta ou irregularidade quanto aos elementos internos do negócio; a ineficácia em sentido estrito pressupõe uma falta ou irregularidade de outra natureza*". De igual forma, Carlos Ferreira de Almeida[107] refere que o "*critério distintivo subjacente consiste em que, na invalidade, a ineficácia deriva do desvalor jurídico (ou vício) reportado a um elemento ou requisito intrínseco à estrutura ou à formação do ato, enquanto a ineficácia em sentido estrito resulta de um facto extrínseco ao ato e, por isso, não valorativo deste*".

Por força do disposto no art.º 45.º, n.º 2, do D.L. n.º 191/87, de 29 de Abril, o subfretamento está dependente da observância das regras aplicáveis ao contrato de fretamento. Também a sua validade é determinada por estas regras, para além das normas imperativas previstas na lei geral. Assim, pressupondo a verificação de todos os requisitos gerais de validade dos contratos, desde que a carta-partida se mostre celebrada entre o subfretador e o subafretador com respeito pelas normas da modalidade do fretamento concretamente aplicáveis ao caso, não se vislumbra que o contrato de subfretamento seja poluído por qualquer falta ou irregularidade quanto aos elementos internos do negócio. A falta de autorização escrita por parte do fretador é algo de materialmente distinto destes elementos. Trata-se de uma patologia de outra índole, que tem na sua origem uma prescrição legal que parece proteger apenas o fretador contra a imposição unilateral e eventualmente não desejada de outro sujeito jurídico para dispor do seu navio ou de parte dele. Esta tutela é compreensível, já

[105] *Invalidade, Inexistência e Ineficácia*, in Catolica Law Review, Volume I, n.º 2, maio 2017, 12.

[106] *Teoria Geral da Relação Jurídica*, II, Reimpressão, Coimbra, 1992, 411.

[107] *Ob. cit.*, 26.

que, sendo o fretamento um contrato duradouro, para mais com riscos de responsabilidade civil para o próprio fretador por actos ou omissões do afretador, a escolha deste será, à partida, relevante para a decisão do fretador de contratar. Desta forma, justifica-se que a subcontratação, por implicar a disponibilização do navio ou de parte dele a um terceiro, deva não só ser conhecida como também aprovada pelo fretador. Nesta medida, atendendo ao fundamento subjacente à exigência da autorização, a sua falta parece dever ser considerada como uma ineficácia *strictu sensu*.

Outra questão duvidosa do regime contratual prende-se com a eventual limitação do valor do frete que poderá ser cobrado pelo subfretador ao subafretador, tendo por referência o que for praticado no contrato de fretamento de base, designadamente se aquele estará sujeito às restrições previstas no art.º 1062.º do Código Civil.

A norma em causa insere-se no regime da locação civil – aplicável subsidiariamente pelo menos aos contratos de fretamento em casco nu, de acordo com o preceituado nos art.ºs 45.º, n.º 2, e 42.º do D.L. n.º 191/87, de 29 de Abril – e tem por base o princípio da boa fé, visando impedir que o locatário possa obter um enriquecimento à custa do património do locador que é quem tem o direito de colher os benefícios[108].

Sucede, porém, que os contratos de fretamento e de subfretamento de navios são contratos comerciais.

O velho Código Comercial contém no seu art.º 3.º uma norma geral relativa à integração de lacunas, prescrevendo que, se as questões sobre direitos e obrigações comerciais não puderem ser resolvidas, nem pelo texto da lei comercial, nem pelo seu espírito, nem pelos casos análogos nela prevenidos, serão decididas pelo direito civil.

Pedro Pais de Vasconcelos, debruçando-se sobre esta norma[109], esclarece que, uma "*vez qualificada uma questão como comercial, impõe que, na sua resolução, se recorra, em primeiro lugar, à lei comercial, em segundo ao seu "espírito", em terceiro lugar à analogia com a lei comercial e, só após esgotados todos estes recursos, ao Direito Civil. O primeiro comando que contém, é que o Direito Civil só se aplica em último caso, se não se conseguir construir uma solução na lei*

[108] Ac. RG de 07.05.2020, Processo n.º 129/18.9T8PRG.G1, relatora Helena Melo, consultado em www.dgsi.pt.

[109] *Direito Comercial e Natureza das Coisas*, in Revista de Direito Comercial, 10.12.2017, 797-800, consultada em www.revistadedireitocomercial.com.

comercial, nem no seu espírito, nem em casos análogos. (...) Pode, pois, e deve mesmo, a Natureza das Coisas ter eficácia praeter legem e também contra legem, sempre que tal seja necessário e adequado para manter a concretização jurídica consonante com o que se faz e como se faz tipicamente no mercado, isto é, de acordo com o "espírito do Direito Comercial".

A concretização deve ser feita de acordo com o "espírito" da lei, e não com o seu texto, sempre que o texto da lei não puder resolver a questão, isto é, não lhe der uma solução satisfatória, aceitável, pragmática e justa. Assim sucede, quando o seu resultado é contrário à Natureza das Coisas, isto é, quando dá resultados impossíveis, desrazoáveis, disparatados, imprevisíveis, contrários ou disruptores do mercado, etc.

A Natureza das Coisas, domina a concretização do Direito Comercial através do artigo 3.º do Código Comercial, naquilo em que remete para o espírito da lei comercial, ou do Direito Comercial, a solução das questões que não possam ser adequadamente, satisfatoriamente ou aceitavelmente decididas de acordo com a estrita letra da lei comercial".

Ora, a ordem jurídica portuguesa tutela o direito de livre iniciativa económica ao nível constitucional, designadamente nos art.ºs 61.º, n.º 1, e 80.º, al. c), da Constituição da República Portuguesa. Uma das vertentes desse direito é a prossecução do lucro como o principal factor de motivação da iniciativa privada; o lucro obtido com a exploração regular e lícita da empresa. O lucro, assim, no sistema capitalista, não pode ser jurídica ou moralmente condenado. Pelo contrário, deve ser reconhecido como o elemento propulsor do eficiente funcionamento do modo de produção[110].

Tendo isto em mente, compreende-se que as exigências da boa fé possam ter pressupostos algo distintos no âmbito do direito comercial e do direito civil. O espírito do primeiro é o espírito do empreendedorismo, do mercado, do lucro. Não se afigura, pois, conforme à *Natureza das Coisas*, para empregar a expressão de Pedro Pais de Vasconcelos, que o legislador vise limitar ou coarctar a liberdade de contratação no subfretamento, nomeadamente ao nível da limitação dos fretes. Tal interpretação poderia inclusivamente conduzir a resultados perversos. Pense-se, por exemplo, na circunstância de um contrato de fretamento em casco nu ser celebrado na perspectiva de uma venda de navio com reserva de propriedade, em que o objectivo do fretador seja apenas o de garantir o recebimento do montante

[110] Fábio Ulhoa Coelho, *Curso de Direito Comercial*, volume 1: direito de empresa — 16.ª ed., 2012, São Paulo, Editora Saraiva, 53.

da venda, pago parceladamente. Nesta perspectiva, é do interesse do fretador que o afretador desenvolva um negócio altamente lucrativo, que lhe assegure uma posição de solvabilidade tranquila e, por essa via, e lhe garanta o pagamento pontual das retribuições convencionadas; mas pense-se noutro exemplo, que fará sentido sobretudo no fretamento a tempo ou em casco nu, em que o contrato de fretamento principal seja celebrado por vários anos e em que venha a ocorrer – como neste período histórico de pandemia criada pelo coronavírus SARS-CoV-2 e pela doença COVID-19[111] – no decurso do prazo de duração um aumento dos fretes marítimos que assegure ao afretador um significativo retorno. Haverá alguma razão plausível que justifique um impedimento de o afretador praticar preços em consonância com um mercado favorável, sobretudo quando este fretou o navio com intuito de obter lucros e é também este que, durante o período de duração do contrato de fretamento, corre os riscos do mesmo mercado? Tal razão, a existir, não se antolha evidente. De resto, uma tal interpretação afigurar-se-ia manifestamente contrária ao direito de livre iniciativa económica.

É possível concluir, pois, que o espírito da lei comercial afasta a aplicação do mecanismo de limitação previsto no art.º 1062.º do Código Civil ao contrato de subfretamento.

Uma outra questão da maior importância colocada pelo regime do subfretamento prende-se com o enquadramento das relações que eventualmente se irão estabelecer entre o subafretador, e os seus próprios clientes, e o fretador principal. Esta questão é tanto mais relevante quanto o regime legal do fretamento permite, em abstracto, sucessivos subfretamentos ou a celebração de múltiplos contratos de transporte marítimo de mercadorias com base nesses subfretamentos.

Esta contratação em cascata levanta diversos problemas práticos.

Desde logo, dir-se-ia que, em face do princípio da eficácia relativa dos contratos, com consagração legal expressa no art.º 406.º, n.º 2, do Código Civil, entre o fretador principal e o subafretador, e todos os sujeitos jurídicos a jusante deste, nenhuma ligação seria possível afirmar. Todavia, as especificidades do Direito Marítimo parecem justificar diversas excepções

[111] *Container Shipping in Times of Covid-19: Why Freight Rates Have Surged, and Implications for Policymakers*, consultado em https://unctad.org/system/files/official-document/presspb2021d2_en.pdf.

a esta regra, muito embora elas não surjam expressamente identificadas no D.L. n.º 191/87, de 29 de Abril. Vejamos quais as soluções das legislações mais próximas da portuguesa.

A *Ley de Navegación Marítima* espanhola dedica apenas um artigo ao subfretamento (art. 206.º), afirmando a sua possibilidade, salvo convenção em contrário, mas referindo, na parte final do mesmo, que o afretador se mantém responsável perante o fretador pelo cumprimento das obrigações emergentes do contrato de fretamento.

Também o *Code des Transports* francês reconhece a possibilidade do subfretamento (art. L5423-5), sublinhando, igualmente, a manutenção das obrigações do afretador perante o fretador (art. L5423-6). Mais clarificador, contudo, é a afirmação de que a única relação directa que se estabelece entre o fretador e o subafretador é a que decorre da possibilidade de acção directa entre o primeiro contra o último para cobrança do frete que lhe seja devido pelo afretador/subfretador, na medida dessa dívida (art. L-5423-7, par. 1). O segundo parágrafo desta mesma norma estipula que, para além do ressalvado no parágrafo anterior, nenhuma outra relação directa se estabelece entre o fretador e o subafretador, excluindo, assim, a bilateralidade daquela, pelo menos de natureza contratual.

Não obstante, a doutrina e os tribunais franceses[112] têm reconhecido o direito de acção directa do subafretador, ou dos carregadores, contra o fretador com base em responsabilidade civil extracontratual, sendo pressuposto necessário a existência de culpa deste.

Como referido, a legislação portuguesa não contém normas expressas similares às dos ordenamentos espanhol e francês. Todavia, entre nós, a admissibilidade da acção directa do fretador contra o subafretador para cobrança de créditos por fretes marítimos depende tanto da modalidade do contrato de fretamento de base como daquilo que tiver sido previsto pelas partes na carta-partida de base.

Se o contrato de fretamento de base tiver previsto a possibilidade de subfretamento e a acção directa por parte do fretador contra o subafretador, nada impede a validade da estipulação, em homenagem ao princípio da liberdade contratual, e à assunção convencional de um nexo jurídico-funcional entre os dois contratos. É de notar, porém, que a grande maioria dos contratos-tipo mais utilizados no mercado não prevê a possibilidade

[112] Rodiére, *ob. cit.*, 315-316; Delebecque, *Droit Maritime*, § 676.

de acção directa, limitando-se a estatuir a possibilidade de o afretador celebrar subfretamentos (v.g., cláusula 18 do "NYPE 93", a cláusula 25 do "ASBATANKVOY 77", a cláusula 19 do "BALTIME 1939" (revisto em 2001), e a cláusula 22 do "BARECON 2001").

Se tal estipulação não existir, haverá que atentar, desde logo, na modalidade de fretamento que está em causa no contrato de base.

Assim, no caso do fretamento em casco nu, a norma de remissão do art.º 42.º do D.L. n.º 191/87, de 29 de Abril, permite a aplicação do disposto no art.º 1063.º do Código Civil, verificadas que se mostrem as condições aí previstas. Atentos os interesses em tensão no mecanismo de acção directa assim aplicável, não se afigura que esta solução possa contender com o espírito do direito comercial.

A inserção sistemática da referida norma de remissão no Capítulo IV do D.L. n.º 191/87, de 29 de Abril, dedicado ao contrato de fretamento em casco nu, indicia que a aplicação subsidiária das disposições do contrato de locação não está, pelo menos expressamente, prevista para as demais modalidades de fretamento. Na verdade, o fretamento em casco nu é a modalidade do contrato de fretamento que mais se aproxima, na sua estrutura, com o contrato de locação. Veja-se, a propósito, que, na *Ley de Navegación Marítima*, o fretamento em casco nu passou a ser designado por arrendamento de navio (art. 188.º), embora reconhecendo que tal sucedeu por razões inerentes à unificação conceptual do fretamento e do transporte marítimo de mercadorias.

Em todo o caso, poderíamos ser tentados, quanto ao fretamento por viagem e a tempo, a afirmar a aplicação analógica da citada norma do art.º 1063.º do Código Civil, reconhecendo a existência de um caso omisso e a similitude das razões justificativas da regulamentação do caso previsto na lei. Porém, como mencionado supra, o princípio da eficácia relativa dos contratos torna excepcional a extensão dos efeitos de um contrato relativamente a terceiros, cingindo-a o n.º 2 do art.º 406.º do Código Civil aos casos e termos especialmente previstos na lei. Ora, de acordo com o art.º 11.º do Código Civil, as normas excepcionais não comportam aplicação analógica.

Assim, inexistindo um programa jurídico-económico unitário a cimentar os dois contratos, parece, pois, excluída a possibilidade de acção directa do fretador contra o subafretador por créditos de fretes marítimos sempre que o contrato de fretamento de base seja por viagem ou a tempo.

Naturalmente que esta exclusão não determina a inexistência total de qualquer relação entre o fretador e o subafretador. Veja-se que, por exemplo, o art.º 21.º do D.L. n.º 191/87, de 29 de Abril, atribui ao fretador por tempo o direito de retenção sobre as mercadorias transportadas para garantia dos créditos emergentes do fretamento, independentemente de tais mercadorias pertencerem ao afretador, ao subafretador ou a carregadores que com algum destes celebrem contratos de transporte marítimo de mercadorias. Quer isto dizer que, apesar de o titular das mercadorias poder não ser o devedor do fretador, isto é, o afretador, aquele tem aberto o exercício de tal direito de garantia contra o referido sujeito, independentemente de este ser ou não parte no contrato de fretamento.

De igual direito goza o fretador que seja também transportador, relativamente a créditos emergentes do transporte, nos termos do disposto no art.º 21.º do D.L. n.º 352/86, de 21 de Outubro.

Da mesma forma, o carregador, no âmbito de um contrato de transporte de mercadorias por mar, goza de acção directa contra o fretador que seja também transportador.

Claro que estas últimas situações não decorrem do regime do contrato de fretamento, mas do do transporte marítimo de mercadorias, pelo que, em bom rigor, podendo dizer respeito a relações estabelecidas entre o fretador e o subafretador, ou os carregadores, não poderão ser consideradas no âmbito da relação de coligação de contratos, muito embora a pressuponham.

Sem prejuízo, também se afigura sempre possível, em abstracto, tal como é admitido em França, o direito de acção directa do subafretador, ou dos carregadores, contra o fretador com base em responsabilidade civil extracontratual, verificados que estejam, evidentemente, os pressupostos desta.

IV.
OS NOVOS TIPOS CONTRATUAIS

1. O aparecimento de novos tipos contratuais:

A riqueza do direito marítimo está estreitamente conexionada com a dinâmica e rápida evolução do comércio internacional de mercadorias por mar. O desenvolvimento deste, por um lado, exige ao direito mais e mais adequadas respostas, e, por outro, fornece-lhe os parâmetros para a criação de novas figuras jurídicas, mormente de índole contratual. Pode, assim, afirmar-se que a dicotomia clássica no âmbito do transporte marítimo de mercadorias entre o transporte por conhecimento e a carta-partida está já, de algum modo, ultrapassada pelo aparecimento de outros tipos contratuais.

É certo, porém, que décadas de estudo e sedimentação dos referidos tipos clássicos tornam difícil a percepção de novas realidades práticas a requererem distinto enquadramento jurídico. Esta dificuldade é tanto mais vincada quanto, no que tange ao contrato de transporte de mercadorias por mar, as várias legislações nacionais e convenções internacionais tendem para uma uniformização, sobretudo em termos de limites mínimos de responsabilidade dos transportadores marítimos, o que complica a aceitação de novas figuras que, fazendo apelo ao princípio da liberdade contratual, ameaçam por em causa tais limites. Com efeito, não será exagero afirmar que desde o *Harter Act* de 1893, nos Estados Unidos da América, a evolução do direito internacional marítimo, no que respeita ao transporte de mercadorias por mar, tem visado essencialmente a limitação de algumas situações de abuso por parte dos transportadores relativamente aos carregadores comummente verificadas sobretudo no Século XIX através da implementação de regras imperativas.

Não obstante, falaremos seguidamente de três dos novos tipos contratuais: (i) o contrato de volume ou de "*tonnage*"; (ii) a reserva de espaço ou "*slot charter*"; e (iii) a nota de reserva ou "*booking note*".

1.1. Contrato de volume ou de "tonnage"

O contrato de volume é uma das mais recentes criações jurídicas provenientes da evolução e criatividade do comércio marítimo internacional. As suas origens histórica e lógica são explicadas por DUARTE LYNCE DE FARIA[113], que dá notícia de que este contrato nasceu com o intuito de estabilizar o mercado de fretes de granéis, dotando as partes de um instrumento adequado a prazos relativamente longos de vigência para o transporte marítimo de grandes quantidades a frete tendencialmente fixo. Desta forma, em nome de uma estabilidade no mercado, armadores e carregadores passaram a celebrar contratos por um ano ou prazo superior, adequando a oferta à procura e garantindo, assim, os valores dos fretes praticados durante o período do contrato, tendo em conta o mercado "*spot*" ou "*tramping*" e as tendências estimadas pelas partes quanto à evolução futura. Os carregadores asseguram, desde logo, a disponibilidade dos navios necessários ao transporte das suas mercadorias no prazo que pretendem; os armadores asseguram para um determinado período futuro a ocupação total ou parcial do espaço de transporte que têm no mercado, diminuindo o risco de uma baixa da procura.

O contrato de volume é, pois, instrumento e reflexo das novas tendências do comércio mundial globalizado e globalizante, onde as grandes e mega corporações gerem e dominam toda a cadeia de suprimentos e logística, por forma a assegurarem o bom funcionamento do circuito de entrega de bens porta-a-porta. Nesta perspectiva, para tais corporações industriais e comerciais, é menos importante assegurar a manutenção de

[113] *O Contrato de Volume na nova dinâmica do transporte contentorizado*, in Revista de Direito Comercial, 25.08.2017, 260-261, consultada em www.revistadedireitocomercial.com.

um nível mínimo de responsabilidade do transportador relativamente às mercadorias transportadas do que assegurar um conjunto de elementos, tais como taxas de frete, disponibilidade de espaços em navios, tempos de transporte e portos de embarque e desembarque para um período futuro determinado, por forma a assegurar o escoamento atempado e sem sobressaltos das suas mercadorias. Este relacionamento temporalmente duradouro, que implica necessariamente uma confiança recíproca e boa fé das partes[114], integra, na prática, o transportador marítimo na cadeia logística de distribuição dos grandes carregadores[115]. Desta forma, nas relações entre estes carregadores de grande dimensão económica e os transportadores marítimos não se vislumbra a necessidade – nem a vontade – de proteção dos carregadores pressuposta pelas Regras de Haia. Daí pressupor-se como normal uma maior liberdade contratual na origem dos contratos de volume.

William Tetley[116] define o contrato de volume como o contrato que visa o transporte de uma certa quantidade de mercadorias, habitualmente definida em toneladas, durante um certo período de tempo, por navios ou por outros meios, habitualmente a determinar *a posteriori*. Segundo este autor, o contrato de volume constitui uma promessa de celebrar um determinado número de contratos, seja de transporte ou de carta-partida, com vista à deslocação das mercadorias a transportar.

A definição de Ignacio Arroyo Martínez[117] é sobretudo focada na prestação do transportador, referindo que pelo contrato de volume (ou *contrato de tonelaje*) o explorador do navio (*naviero*, na definição constante do art.º 145.º, n.º 2, da *Ley de Navegación Marítima*) compromete-se a trans-

[114] Yves Tassel, *Le Contrat de Tonnage*, Gazette de la Chambre (Arbitrale Maritime de Paris), nº 7 – Printemps 2005, disponível em www.arbitrage-maritime.org.DE.

[115] Kamelia Kolli, *Contrat de volume: quels effets? Quelques leçons tirées du contrat de service américain*, Revue générale de droit, 46 (1), 166–167, https://doi.org/10.7202/1036576ar.

[116] *Glossary of Maritime Law Terms*, Tetley's maritime & admiralty law – McGill University, 2nd Ed., 2004: *A contract for the carriage of a certain quantity of goods, usually measured in tons, during a period of time, by ships or other means, usually to be designated later. The contract often begins inland and is multimodal in nature. The tonnage contract therefore constitutes a promise to conclude a number of contracts, either of carriage or charterparty, for the transportation of the goods to be shipped. Another term for tonnage contract is "volume contract". In English-speaking countries, the tonnage contract is sometimes referred to as a "contract of affreightment" (COA).*

[117] *Ob. cit.*, 262.

portar uma quantidade de mercadorias determinada ou determinável, num período de tempo previsto, através de uma ou várias viagens.

MÁRIO RAPOSO, com a sua habitual clareza, explica que *"está o núcleo essencial da convenção em que um empresário (industrial, agrícola ou comercial) estabelece com um armador que este assegurará a deslocação, em um ou vários navio, dentro de um certo período, de um volume determinado (ou determinável) de mercadorias, mediante o pagamento de um frete calculado por tonelada ou por qualquer outra unidade de medida* (...), pois, nestes contratos, *o que o armador põe à disposição do outro contraente é uma capacidade de transporte, apta a assegurar a deslocação das mercadorias*"[118], concluindo que, não sendo enquadrável dentro das clássicas tipologias, estaremos aqui perante um fretamento por viagem ou de outra figura a ele assimilável[119].

Não se verifica, porém, qualquer uniformidade na doutrina quanto ao enquadramento jurídico do contrato de volume. Sucede isto porque, entre nós, à semelhança do que sucede com a maioria dos países europeus[120], o contrato de volume é um contrato atípico, que não dispõe de disciplina legal própria. É, pois, natural que se verifique ainda alguma indefinição na sua caracterização. Nessa medida, para além das supra referidas posições, regista-se ainda, com particular relevância a que reconduz o contrato de volume à figura dos contratos-quadro.

Esta é a posição defendida entre nós por DUARTE LYNCE DE FARIA[121], revertendo a alguma doutrina e jurisprudência arbitral francesas. Refere este autor que "*o contrato de volume emerge como um "contrato único" com uma estrutura composta de um "contrato-base" regulatório em que se propõe um modelo, estabelecendo o seu regime jurídico e, no seu desenvolvimento, por uma série de operações materiais e jurídicas, entre as quais os contratos para cada viagem.*

As obrigações para cada uma das viagens concretizam-se com a identificação da mercadoria a transportar e com a designação do navio (e a sua aceitação) e sedimentam-se com a emissão posterior da "confirmação individual do contrato de transporte"".

[118] *Fretamento e Transporte Marítimo. Algumas Questões*, 315-316.

[119] *Sobre os Trabalhos Preparatórios da Lei Marítima de Macau*, Parte Primeira, in Estudos sobre Arbitragem Comercial e Direito Marítimo, Almedina, 2006, 183-184.

[120] Ao que sabemos, apenas a Espanha e os países nórdicos preveem nos seus códigos marítimos a figura do contrato de volume; a França prevê o contrato de volume ("*contrat de tonnage*"), mas apenas para o transporte fluvial.

[121] *Ob. cit.*, 274-276.

Atendendo a estes subsídios interpretativos, torna-se então perceptível a diferença entre o contrato de volume e o contrato de fretamento por viagens consecutivas. Enquanto o primeiro assenta numa base temporal e tem por referência uma determinada quantidade de mercadoria a transportar, em moldes que vão sendo definidos em concreto e executados durante o desenrolar do contrato, no segundo, as viagens concretas são definidas logo na carta-partida, podendo o período de duração do contrato ser definido quer em função do número de viagens quer em função do número máximo de viagens que possam ser executadas num período de tempo convencionado, podendo estar em causa a repetição da mesma viagem ou a realização de viagens diversas[122].

Por definição, o contrato de volume será, então, regulado em primeira linha pelas estipulações convencionadas pelas partes. Está em causa, pois, um tipo contratual próprio, economicamente enquadrável como um contrato de transporte de mercadorias – dado ser essa a sua finalidade única –, resultante do princípio da liberdade contratual, entre nós estabelecido no art.º 405.º, n.º 1, do Código Civil. A título comparativo, refira-se que a *Ley de Navegación Marítima* espanhola prevê no art.º 208.º o contrato de volume, referindo-o ao transporte de um conjunto de mercadorias em vários navios ou em várias viagens, mandando aplicar a cada contrato as normas referentes ao fretamento por viagem, salvo acordo em contrário das partes. Ou seja, em Espanha a normatividade legal atinente ao fretamento por viagem é aplicável apenas supletivamente.

Estamos ainda perante um contrato misto e atípico, que encerra em si elementos variados e distintos, com obrigações típicas de fretamento a tempo, fretamento por viagem e contrato promessa[123]. Embora surja como especialmente vocacionado para o transporte em "*tramping*", nada se vislumbra que possa impedir a sua aplicação ao transporte marítimo em linhas regulares.

Em termos da prática comercial, é de registar o recurso aos principais contratos-standard disponíveis no mercado, sobretudo o "VOLCOA"[124],

[122] Paul Todd, *ob. cit.*, 88.

[123] Veja-se, contudo, a opinião não coincidente a este respeito de Duarte Lynce de Faria [*ob. cit.*, 283].

[124] "*Standard Volume Contract of Affreightment for the Transportation of Bulk Dry Cargoes*", publicado pela BIMCO, em 1982.

para o transporte de granéis sólidos, e o "INTERCOA 80"[125], para granéis líquidos.

Importa referir, pela importância prática do assunto, que a ausência de regulamentação legal, entre nós, acarreta alguma dificuldade na determinação do regime de responsabilidade relativa à perda ou danos provocados nas mercadorias a deslocar pela parte que, na sequência dos contratos referentes a cada viagem concreta, se obriga à dita deslocação. Estamos em crer que a resposta não poderá ser una, importando descodificar qual a vontade das partes em cada concreto contrato de volume. Voltemos, para tanto, a MÁRIO RAPOSO[126]: "*(t)udo resultará, porém, da intencionalidade das partes. O contrato de tonnage incidirá sobre um ou vários navios postos à disposição do afretador. Será essa a prestação do armador. Haverá, pelo contrário, um contrato preliminar, uma promessa de contratar, se o contrato futuro consistir na recepção de uma mercadoria, ou seja, se a prestação do armador coincidir com a de um transportador. (...) a questão não tem um relevo meramente académico, já que os regimes da responsabilidade do fretador e do transportador são, como é sabido, diversos.*".

A solução a dar a cada caso depende, então, da configuração do transporte, enquanto objectivo económico final do negócio, que resulte do conteúdo do contrato-mãe e dos contratos de execução. Nessa medida, se o contrato de volume assentar numa ou mais cartas-partida, a sua configuração aproxima-se do fretamento, sendo de aplicar o regime de responsabilidade do fretador, que, como é sabido, assenta essencialmente na liberdade contratual (isto, claro, no que tange ao fretamento por viagem já que no fretamento em casco nu e no fretamento por tempo, a gestão comercial do navio pertence ao afretador, pelo que a questão não se coloca, dado que, à partida, o fretador não será responsável por perdas ou danos causados às mercadorias daquele).

Mas já se os contratos de execução se traduzirem em contratos de transporte, o regime de responsabilidade a aplicar deverá ter em atenção o seguinte:

(i) Nos casos de emissão de conhecimentos de carga, mantendo-se o conhecimento na posse do carregador, e de emissão de outros

[125] "*Tanker Contract of Affreightment*", publicado pela INTERTANKO, em 1980, e posteriormente adoptado pela BIMCO.

[126] *Fretamento e Transporte Marítimo. Algumas Questões*, loc. cit., 317.

documentos de transporte não negociáveis[127], por se considerar o contrato de volume distinto do contrato de transporte, as partes poderão no contrato-mãe, afastar as normas das Regras de Haia ou, subsidiariamente, do D.L. n.º 352/86, de 21 de Outubro, no caso de transportes internacionais, ou os artigos 1.º a 8.º das Regras de Haia, aplicáveis aos transportes internos por força do disposto no art.º 1.º do D.L. n.º 37 748 de 1 de Fevereiro de 1950, na medida em que não colidam com as disposições do D.L. n.º 352/86, de 21 de Outubro[128];

(ii) No caso de emissão de conhecimentos de carga em que o destinatário seja pessoa distinta do carregador, entre as partes do contrato de volume, a responsabilidade poderá continuar a ser regida pelos termos do contrato-mãe; no entanto, relativamente ao terceiro portador do conhecimento de carga, estranho ao contrato de volume, afigura-se aplicável, dada a similitude das hipóteses, a solução preceituada no art.º 5.º, § 2.º das "*Regras de Haia*", sendo a responsabilidade imperativamente regida pelas disposições desta Convenção quer no caso de transporte marítimo internacional quer no caso de transporte marítimo interno (quanto a este, por força do disposto no art.º 1.º do D.L. n.º 37 748 de 1 de Fevereiro de 1950).

O contrato de volume apresenta grande similitude com os *Service Contracts* norte-americanos, cujo aparecimento remonta ao *Shipping Act* de 1984, acto legislativo inserido no âmbito de um movimento de desregulamentação federal do transporte marítimo de mercadorias em linha regular com vista a fomentar uma verdadeira modernização e efectiva concorrência nesse sector (cujos armadores, associados em conferências marítimas mais ou menos corporativas, beneficiavam até então de um raro regime de excepção relativamente à exigente legislação anti-*trust*)[129]. Esta desregulamentação permitiu o surgimento de contratos livremente negociados entre carregadores e transportadores ou conferências de

[127] Por exemplo, o *Seawaybill*, regido pelas Regras Uniformes do Comité Marítimo Internacional.

[128] Mário Raposo, *O Novo Direito Comercial Marítimo Português*, loc. cit., 221.

[129] Kamelia Kolli, *ob. cit.*, 146-149.

transportadores, presumidos em pé de igualdade, e com cláusulas adaptadas a cada caso, sem que se possa falar, pois, de contratos-tipo ou standardizados. O contrato de serviços não pode ser considerado, assim, como uma categoria contratual única e específica, já que, precisamente porque as cláusulas de tais contratos são feitas à medida, os termos que as partes acordem em concreto poderão ser reconduzidos a outros tipos contratuais, nomeadamente ao transporte ou ao fretamento[130].

O *Shipping Act* de 1984 (entretanto reformado pelo *Ocean Shipping Reform Act* de 1998) continha uma definição do contrato de serviços, indicando os principais elementos definidores: 1) quanto às partes: um carregador e um transportador marítimo público (*common ocean carrier*) ou uma aliança de transportadores marítimos públicos[131]; 2) quanto ao objecto: o compromisso de apresentação para transporte de uma quantidade mínima de mercadoria num determinado período de tempo, como obrigação principal do carregador; e o compromisso de aplicação de uma determinada taxa de frete ou esquema de taxas de frete, como obrigação do transportador. Era admitida ainda a convenção de um conjunto de outras circunstâncias atinentes ao serviço a prestar, tais como o espaço a reservar, tempos e rotas de viagem e consequências para o não cumprimento por alguma das partes.

Precisamente por influência da delegação norte-americana[132] nos trabalhos de elaboração da Convenção das Nações Unidas sobre Contratos de Transporte Internacional de Mercadorias Total ou Parcialmente por Mar adotada em 23 de Setembro de 2009, em Roterdão, comummente designada por "*Regras de Roterdão*", foi introduzida uma excepção de

[130] PHILIPPE DELEBECQUE, *Contrats de «services»: quelle qualification ?*, Gazette de la Chambre (Arbitrale Maritime de Paris), nº 4 – Printemps 2004, disponível em www.arbitrage-maritime.org.DE.

[131] O art.º 1.º, n.º 3, al. b), do Regulamento (CE) n.º 4056/86 do Conselho, de 22 de Dezembro de 1986, (já revogado) definia a "*«Conferência marítima ou conferência»*, como *um grupo de, pelo menos, dois transportadores-exploradores de navios que assegure serviços internacionais regulares para o transporte de mercadorias numa linha ou linhas particulares dentro de determinados limites geográficos e que tenha celebrado um acordo ou convénio, seja de que natureza for, no âmbito do qual esses transportadores operem aplicando fretes uniformes ou comuns e quais quer outras condições de transportes concertadas para o fornecimento de serviços regulares*".

[132] https://documents-dds-ny.un.org/doc/UNDOC/LTD/V07/807/74/DOC/V0780774.DOC (documento A/CN.9/WG.III/WP.34).

liberdade contratual à imperatividade inicialmente pretendida para tal convenção, em nome da defesa dos pequenos e médios carregadores. Essa excepção assentou no conceito de "*contrato de volume*"[133].

Sucede, porém, que a expressão, em termos conceptuais e de regulamentação, do contrato de volume que ficou, a final, vertida na Convenção (arts. 1.º, n.º 2, e 80.º) está longe de ser pacífica, sendo mesmo uma das principais causas de não adesão dos principais países de carregadores àquelas[134]. Desde logo, a definição legal apresenta-se como algo vaga, pejada de conceitos abertos e indeterminados, quer no tocante à quantidade de mercadorias, ao número de viagens e ao próprio período mínimo de duração do contrato. Tal indeterminação, a que não será estranha, além do mais, a intenção de acomodar no conceito realidades diversas, nomeadamente os *Service Contracts*, abre o caminho a abusos, permitindo a fuga às normas imperativas das "*Regras de Roterdão*" de situações extremas como sejam os de transporte de enormes quantidades de petróleo no período de um ou dois meses, para o qual o contrato de volume está pensado, ou o de dois contentores num período de um ano, para o qual manifestamente não está[135]. Não se afigura fácil, pois, a breve trecho, a uniformização jurídica internacional do contrato de volume.

1.2. Contrato de reserva de espaço para contentores ou "slot-hire"

O contrato de reserva de espaço é resultado da evolução do comércio global no último terço do século XX e do advento da contentorização,

[133] Kamelia Kolli, *ob. cit.*, 144.

[134] Vejam-se as críticas ínsitas na Declaração de Montevideu de 6 de Dezembro de 2010 e na posição do Conselho Europeu de Carregadores, (27) apresentada à UNCITRAL, in https://documents-dds-ny.un.org/doc/UNDOC/LTD/V07/807/74/DOC/V0780774.DOC (documento A/CN.9/WG.III/WP.83).

[135] Yvonne Baatz, Charles Debatista, Filippo Lorenzon, Andrew Serdy, Hilton Staniland e Michael Tsimplis, *The Rotterdam Rules, A Practical Annotation*, Informa Law, London, 2009, 270; e proposta comum apresentada pela Austrália e pela França no âmbito do grupo de trabalho de elaboração das Regras de Roterdão, in https://documents-dds-ny.un.org/doc/UNDOC/LTD/V07/807/74/DOC/V0780774.DOC (documento A/CN.9/612).

em 1956[136], cuja rápida disseminação ocorreu nos anos 70 e 80. Com efeito, este tipo de contrato relaciona-se directamente com o transporte de contentores em linhas regulares, muitas vezes no âmbito de acordos de cooperação entre transportadores. A essência deste contrato é a disponibilização de unidades de medida equivalentes a um contentor-tipo, de 20 pés – "*slots*"[137] – em navios de linhas regulares que o transportador se obriga a deslocar entre portos pré-determinados[138], ou seja, a cedência remunerada de uma parte da capacidade de transporte que um determinado transportador dispõe numa determinada linha regular.

O contrato de reserva de espaço para contentores insere-se no âmbito dos contratos de fretamento[139] – reconduzindo-se ao fretamento parcial previsto no art.º 1.º do D.L. n.º 191/87, de 29 de abril –, mais propriamente nos contratos de fretamento por viagem – pois no caso concreto, é ao explorador do navio que cabe a exploração náutica e comercial deste.

São, portanto, elementos essenciais deste tipo contratual a colocação ao dispor do afretador de uma parte da capacidade de transporte de um navio determinado, traduzida num determinado número de "*slots*", ou células destinadas a acomodar contentores, por parte do explorador do navio, contra o pagamento de uma remuneração – o frete –, bem como o período de tempo de duração do contrato.

Habitualmente, a relação jurídico-comercial subjacente e causal ao contrato de reserva de espaço desenvolve-se entre três partes[140]: (i) o dono das mercadorias; (ii) o afretador; e (iii) o fretador.

[136] MARC LEVINSON, *The Box: how the shipping container made the world smaller and the world economy bigger*, Princeton University Press, 2006.

[137] De acordo com a definição constante do contrato-standard "*Slothire – Standard Slot Charter Party*", da BIMCO, Parte II, o "*slot*" traduz-se no espaço a bordo do navio necessário para acomodar um contentor de 20 pés ("TEU" – *twenty foot equivalent unity*).

[138] PHILIPPE DELEBECQUE, *Vessel Sharing Agreements, Slot Charter Agreements and Arbitration, A civil law point of view*, Gazette de la Chambre (Arbitrale Maritime de Paris), nº 38 – Autumn 2015, disponível em www.arbitrage-maritime.org.

[139] MÁRIO RAPOSO, *Transporte Marítimo de Mercadorias Hoje e Amanhã*, R.O.A., Ano 73.º, vol. II/III, 2013, 535, nota 26.

[140] PHILIPPE DELEBECQUE, *Vessel Sharing Agreements, Slot Charter Agreements and Arbitration, A civil law point of view*, loc. cit.

O dono das mercadorias estabelece uma relação de índole contratual com o afretador, que se obriga perante este a efectuar o transporte daquelas. O afretador assume, portanto, perante o dono das mercadorias, a posição de transportador, obrigando-se ao resultado típico do contrato de transporte, ou seja, a assegurar a deslocação daquelas entre dois pontos. Para tanto, deverá ou poderá entregar ao seu próprio cliente um conhecimento de carga – ou outro título de transporte – em que figure como transportador.

Através do contrato de reserva de espaço, o fretador obriga-se a disponibilizar os espaços contratados no prazo convencionado e a fazer deslocar o navio determinado[141] entre dois locais pré-definidos. O afretador, por seu lado, obriga-se a pagar o frete e a apresentar a mercadoria para embarque, embora a não apresentação não o exonere do pagamento do frete, já que está em causa neste contrato a mera disponibilização de espaços e não o transporte efectivo. Neste âmbito, também o fretador pode emitir e entregar ao afretador um conhecimento de carga, o qual, não obstante, apenas terá o valor de recibo da mercadoria, não sendo negociável[142].

Como decorre do desenho supra exposto, entre o dono da carga e o fretador não existe, à partida, qualquer relação contratual. Como expressão deste princípio, um dos mais importantes contratos-tipo de reserva de espaço de contentores disponível no mercado, o "*"SLOTHIRE"*[143], estipula na cláusula 13. um conjunto de obrigações que impendem sobre o afretador com vista a evitar o estabelecimento de uma relação contratual directa entre o fretador e o dono das mercadorias, entre as quais avulta a de, na emissão de conhecimentos de carga com base no contrato de reserva de espaço, o afretador estar obrigado a não incluir uma cláusula de identificação do transportador que permita o estabelecimento de uma relação contratual entre o fretador e os titulares dos bens transportados

[141] Segundo Philippe Delebecque [*Vessel Sharing Agreements, Slot Charter Agreements and Arbitration, A civil law point of view*, loc. Cit.], neste tipo de contratos, a identificação concreta do navio não é tão relevante como no contrato de fretamento por viagem, já que a circunstância de o transporte das mercadorias ter lugar em navios de linhas regulares pressupõe uma certa standardização dos navios utilizados.

[142] Philippe Delebecque, *Vessel Sharing Agreements, Slot Charter Agreements and Arbitration, A civil law point of view*, loc. cit.

[143] *"Standard Slot Charter Party"*, da BIMCO.

[cláusula 13.(a), (i)][144]. O incumprimento destas obrigações fará o afretador incorrer no dever de indemnizar o fretador pelos danos que lhe advenham da acção contratual directa intentada pelo dono das mercadorias.

1.3. Nota de reserva ou "Booking Note"

A Nota de reserva, ou "*Booking note*", como é melhor conhecida, é uma figura de índole contratual nascida da prática dos transportes comerciais de mercadorias. Trata-se de um contrato atípico, que, fruto da sua génese, não tem ainda grande tratamento doutrinal. Na sua essência original, corresponderia a uma reserva de espaço num navio, na qual são expressas as condições principais a que o transporte ou fretamento visados deveriam obedecer[145].

Philippe Delebecque[146] esclarece que a nota de reserva não pode ser considerada nem como transporte marítimo nem como fretamento, devendo, contudo, ser assimilada ao primeiro ou ao segundo em função das concretas cláusulas que a nota contiver. Segundo este autor, trata-se de uma promessa unilateral de contratar, pois o fretador ou transportador obriga-se perante o cliente reservar um espaço num navio para determinada mercadoria.

A prática vem demonstrando, contudo, que a nota de reserva tende a ser mais do que isso: ela pode apresentar-se igualmente como um completo acordo bilateral e sinalagmático – vertente que o próprio Philippe Delebecque também admite –, com a vantagem de ser um documento com poucas formalidades, embora geralmente revista a forma escrita. A operacionalidade e o grau de vinculação da nota de reserva dependem do acordo das partes quanto às condições particulares – *v.g.*, natureza e peso da carga, portos de embarque e de desembarque, prazos, frete, sobrestadias, etc. – e da transmissão ao potencial afretador ou carregador

[144] *"The Charterers further undertake that bills of lading issued for the Charterers' Goods and Containers carried under this Slot Charter Party shall contain:*
(i) No Identity of Carrier Clause which purports to establish a contractual relationship between the Owners and the cargo interests of the Charterers."

[145] Simon Baughen, *ob. cit.*, 9.

[146] *Droit Maritime*, 673.

das cláusulas gerais essenciais praticadas pelo potencial fretador ou transportador, as quais assumem, nessa parte, a natureza de cláusulas contratuais gerais, às quais os primeiros apenas terão por opção aderir ou rejeitar celebrar o contrato.

É, assim, patente o seu carácter híbrido, pois, como se vê, a nota de reserva tanto pode configurar uma promessa de contrato como, desde que contenha todos os elementos necessários para tanto, pode ser reconduzida à figura do contrato final visado pelas partes, seja ele de fretamento ou de transporte marítimo[147], havendo, neste caso, como que uma sobreposição entre a nota e estas figuras contratuais. Ressalve-se, porém, que, para valer como fretamento ou contrato de transporte, a nota deverá obedecer às exigências de forma destes contratos.

[147] David A. Glass, *Freight Forwarding and Multimodal Transport Contracts*, Informa Law by Rutledge, Second Edition, 2012, 38, nota 76.

V.
FINAL: REFERÊNCIA A ALGUNS CONTRATOS-TIPO

Como é sabido, na legislação portuguesa – e, bem assim, em grande parte dos demais ordenamentos nacionais – o contrato de fretamento consubstancia-se num documento escrito – a carta-partida –, que contém as principais disposições exigíveis pela lei e pretendidas pelas partes (art.º 2.º do D.L. n.º 191/87, de 29 de Abril).

Sucede, porém, que desde o final do Séc. XIX e, sobretudo, no decorrer do século passado se foram tornando cada vez mais comuns os contratos-tipo, compostos essencialmente por cláusulas contratuais gerais elaboradas por associações de armadores, carregadores ou até por sindicatos profissionais. Tais formulários foram-se tornando cada vez mais específicos, adaptando-se e destinando-se a mercadorias, actividades e até a áreas geográficas concretas.

Pese embora as múltiplas críticas de que estes contratos-tipo têm vindo a ser objecto, mormente por via da falta de adaptabilidade ao mundo comercial moderno, ao anquilosamento, obscuridade e ambiguidade do seu clausulado, e à necessidade de serem sempre completados, caso a caso, a verdade é que os mesmos se mantêm altamente populares no mundo do *shipping*, sendo recorrente o seu uso por parte dos diversos operadores comerciais.

Embora, como referido, existam diversos modelos disponíveis, referir-se-ão, apenas para satisfação de curiosidade, alguns exemplares destes modelos de carta-partida, nomeadamente elaborados e usados por duas das mais representativas referidas associações, sedeadas em zonas geográficas distintas: a BIMCO (*Baltic and International Maritime Council*), europeia, e a ASBA (*Association of Ship Brokers & Agents (USA), Inc.*), norte-americana.

a) O "GENCON 94"[148], modelo de contrato de fretamento por viagem, destinado sobretudo ao transporte de granéis sólidos e carga geral, elaborado pela BIMCO;
b) O "ASBATANKVOY 77"[149], modelo de contrato de fretamento por viagem, destinado ao transporte de crude e produtos refinados, elaborado pela ASBA;
c) O "BALTIME 1939 (revisto em 2001)"[150], contrato de fretamento a tempo, destinado sobretudo ao transporte de granéis sólidos, elaborado pela BIMCO;
d) O "NYPE 2015"[151], contrato de fretamento a tempo, destinado sobretudo ao transporte de granéis sólidos, cuja última revisão foi elaborada em conjunto pela ASBA, BIMCO e a SMF (*Singapore Maritime Foundation*);
e) O "BARECON 2017"[152], modelo de contrato de fretamento em casco nu, elaborado pela BIMCO;
f) O "GENCOA"[153], contrato de volume, destinado sobretudo ao transporte de granéis sólidos, elaborado pela BIMCO; e
g) O "SLOTHIRE"[154], contrato de contrato de reserva de espaço para contentores, elaborado pela BIMCO.

[148] *General Voyage Charter Party*, cuja última revisão data de 1994.
[149] *Tanker Voyage Charter Party*, cuja última revisão data de 1977.
[150] *Standard Time Charter Party*, cuja última revisão data de 2001.
[151] *New York Produce Exchange Form*, cuja última revisão data de 2015.
[152] *Standard Bareboat Charter*, cuja última revisão data de 2017.
[153] *Standard Contract of Affreightment for Dry Bulk Cargoes*, cuja última revisão data de 2004.
[154] *Standard Slot Charter Party*, cuja última revisão data de 1993.

BIBLIOGRAFIA

ALMEIDA, Carlos Ferreira de, *Invalidade, Inexistência e Ineficácia*, in Catolica Law Review, Volume I, n.º 2, maio 2017, 9-33, disponível no sítio https://fd.lisboa.ucp.pt/docentes-conhecimento/catolica-research-centre-future-law/investigacao/catolica-law-review.

ANDRADE, Manuel de, *Teoria Geral da Relação Jurídica*, II, Reimpressão, Coimbra, 1992.

ARRADON, François, *Vues sur Mer: Charte-partie et Connaissement*, in Gazette de la Chambre (Arbitrale Maritime de Paris), nº 2 – Automne 2003, disponível no sítio: www.arbitrage-maritime.org.

ARROYO MARTÍNEZ, Ignacio, *Compendio de Derecho Marítimo (Ley 14/2014, de Navegación Marítima)*, Quinta Edición, 2014, Editorial Tecnos.

BAATZ, Yvonne, *Charterparties*, in Maritime Law, edited by Yvonne Baatz, 3rd edition, Informa Law from Routledge, 2004, 117-176.

BAATZ, Yvonne (and five others), *The Rotterdam Rules, A Practical Annotation*, Informa Law, London, 2009.

BASTOS, Nuno Manuel Castello-Branco, *Da Disciplina do Contrato de Transporte Internacional de Mercadorias por Mar*, Almedina, 2004.

BAUGHEN, Simon, *Shipping Law*, 6th Edition, Routledge.

BRANCH, Alan E. e ROBARTS, Michael, *Branch's Elements of Shipping*, 9th edition, Routledge, 2014.

COELHO, Fábio Ulhoa, *Curso de Direito Comercial, volume 1: direito de empresa* — 16.ª ed., 2012, São Paulo, Editora Saraiva.

COGHLIN, Terence (and four others), *Time Charters*, Informa Law from Routledge, 7th edition, 2014.

COOKE, Julian (and seven others), *Voyage Charters*, 4th edition, Informa Law from Routledge, 2014.

CORDEIRO, António Menezes, *Da Natureza Jurídica do Navio*, in II Jornadas de Lisboa de Direito Marítimo, O Navio, Almedina, 2012, 7-45.

DAVIES, Donald, *Commencement of Laytime*, 4th edition, Informa Law, 2006.

DELEBECQUE, Philippe:

__, *Droit Maritime, 13eme édition*, 2014, Dalloz, e-book;

__, *Vessel Sharing Agreements, Slot Charter Agreements and Arbitration, A civil law point of view*, Gazette de la Chambre (Arbitrale Maritime de Paris), nº 38 – Autumn 2015, disponível em www.arbitrage-maritime.org.

DE ZWARTE, Erwin, *A Layman's Guide to Laytime*, Arklow, Co., 2007.

DOCKRAY, Martin, *Cases & Materials on the Carriage of Goods by Sea*, Third Edition, Cavendish, 2004.

ESTEVES, Vasconcelos, *Fretamento de Navio para Transporte de Mercadorias*, in I Jornadas de Lisboa de Direito Marítimo, O Contrato de Transporte Marítimo de Mercadorias, Almedina, 2008, 307-320.

FARIA, Duarte Lynce de, *O Contrato de Volume na nova dinâmica do transporte contentorizado*, in Revista de Direito Comercial, 25.08.2017, 253-289, disponível em www.revistadedireitocomercial.com.

GLASS, David A., *Freight Forwarding and Multimodal Transport Contracts*, Informa Law by Rutledge, Second Edition, 2012.

HENRIQUES, André Cristóvão, *Os Portos*, in A Segurança nos Portos, Uma Visão Integrada, Mare Liberum, 2014;

KOLLI, Kamelia, *Contrat de volume: quels effets? Quelques leçons tirées du contrat de service américain*, in Revue générale de droit, 46 (1), 141–177, disponível em https://doi.org/10.7202/1036576ar.

LEVINSON, Marc, *The Box: how the shipping container made the world smaller and the world economy bigger*, Princeton University Press, 2006.

PINHEIRO, Luís de Lima:

__, *Contributo Para a Reforma do Direito Comercial Marítimo*, R.O.A., Ano 60.º, Dez. 2000, 1057-1125;

__, *O Porto no Fretamento à Viagem*, R.O.A., Ano 75.º, III-IV, Jul./Dez. 2015, 555-571.

RAPOSO, Mário:

__, *Fretamento e Transporte Marítimo, Algumas Questões*, in Estudos Sobre o Novo Direito Marítimo, Coimbra Editora, 1999, 303-342;

__, *O Novo Direito Comercial Marítimo Português*, in Estudos Sobre o Novo Direito Marítimo, Coimbra Editora, 1999, 217-268;

__, *Sobre os Trabalhos Preparatórios da Lei Marítima de Macau*, Parte Primeira, in Estudos sobre Arbitragem Comercial e Direito Marítimo, Almedina, 2006, 175-205;

__, *Sobre os Trabalhos Preparatórios da Lei Marítima de Macau*, Parte Segunda, in Estudos Sobre Arbitragem Comercial e Direito Marítimo, Almedina, 2006, 207-233;

__, *Direito Marítimo – Uma Perspectiva*, R.O.A., Ano 43.º, Mai-Set. 1983, 347-395;

__, *Transporte Marítimo de Mercadorias Hoje e Amanhã*, R.O.A., Ano 73.º, vol. II/III, 2013, 525-565.

Rodière, René, *Droit Maritime*, Neuvième édition, 1982, Dalloz.

Schofield, John, *Laytime and Demurrage*, 6th edition, Informa Law from Routledge, 2013.

Scrutton, Thomas Edward, *The Contract of Affreightment as Expressed in Charterparties and Bills of Lading*, Eigth Edition, Sweet and Maxwell, Limited, London, 1917.

Tassel, Yves, *Le Contrat de Tonnage*, Gazette de la Chambre (Arbitrale Maritime de Paris), nº 7 – Printemps 2005, disponível em www.arbitrage-maritime.org.DE.

Tetley, William, *Glossary of Maritime Law Terms*, Tetley's Maritime & Admiralty law - McGill University, 2nd Ed., 2004.

Todd, Paul, *Principles of the Carriage of Goods by Sea*, Routledge, 2016.

Varela, Antunes:

__, *Das Obrigações em Geral*, I, Almedina, 7.ª edição;

__, *Das Obrigações em Geral*, II, Almedina, 5.ª edição.

Vasconcelos, Pedro Pais de, *Direito Comercial e Natureza das Coisas*, in Revista de Direito Comercial, 10.12.2017, 784-800, disponível em www.revistadedireitocomercial.com.

Wilson, John F., *Carriage of Goods by Sea*, 7th Edition, Pearson Education Limited;

Outras publicações e sítios na internet consultados

Charter Parties, A Comparative Analysis, Report by the UNCTAD Secretariat, 1990.

Charter Parties, Report by the Secretariat of UNCTAD, 1974, NY.

Container Shipping in Times of Covid-19: Why Freight Rates Have Surged, and Implications for Policymakers.

Estatísticas dos Transportes e Comunicações 2019, Instituto Nacional de Estatística, edição 2020.

UNCTAD Review of Maritime Transport 2020.

www.bimco.org.

www.dgsi.pt.

www.documents-dds-ny.un.org.

www.eur-lex.europa.eu.

www.imo.org.

www.imt-ip.pt.

www.portodesetubal.pt.

www.supremecourt.gov.

ÍNDICE